아나 키즘
마르크스주의적 비판

국립중앙도서관 출판시도서목록(CIP)

아나키즘 : 마르크스주의적 비판 / 지은이: 존 몰리뉴 ;
옮긴이: 이승민. -- 서울 : 책갈피, 2013
    p. ;   cm

원표제: Anarchism : a Marxist criticism
원저자명: John Molyneux
권말부록: 토니 네그리, 맥락 속에서 보기_알렉스 캘리니
코스 ; 마르크스주의와 아나키즘_폴 블랙레지
영어 원작을 한국어로 번역
ISBN 978-89-7966-099-9 03300 : ₩10000

무정부 주의[無政府主義]

340.28-KDC5
320.57-DDC21   CIP2013010959

아나키즘
마르크스주의적 비판

존 몰리뉴 지음 | 이승민 옮김

책갈피

Anarchism: A Marxist Criticism - John Molyneux
First published in 2011 by Bookmarks Publications
© Bookmarks Publications

Korean translation edition ⓒ 2013 by Chaekgalpi Publishing Co.
Bookmarks와 협약에 따라 이 책의 한국어 판권은 책갈피 출판사에 있습니다.

아나키즘: 마르크스주의적 비판

지은이 | 존 몰리뉴
옮긴이 | 이승민
펴낸곳 | 도서출판 책갈피

등록 | 1992년 2월 14일(제18-29호)
주소 | 서울 중구 필동2가 106-6 2층
전화 | 02) 2265-6354
팩스 | 02) 2265-6395
이메일 | bookmarx@naver.com
홈페이지 | http://chaekgalpi.com

첫 번째 찍은 날 2013년 7월 15일
두 번째 찍은 날 2020년 11월 30일

값 10,000원
ISBN 978-89-7966-099-9 03300

잘못된 책은 바꿔 드립니다.

차례

머리말 … 9

1장_ 아나키즘의 매력 … 17

2장_ 아나키즘 사상 … 21

     국가 … 22
     지도 … 33
     정당 … 40
     개인, 사회, 계급 … 47

3장_ 역사 속의 아나키즘 … 56

     바쿠닌 … 57
     러시아 … 62
     아나키스트의 볼셰비키 비판에 대해 … 69
     스페인 … 74

4장_ 오늘날의 아나키즘 … 80
    라이프스타일 아나키즘 … 81
    자율주의 … 85
    강령 아나키즘 … 94
    직접행동 … 98
    선거 참여 … 102
    운동 속의 의사 결정 … 105

5장_ 승리의 비결 … 112

후주 … 120
더 읽을거리 … 122

부록1_ 토니 네그리, 맥락 속에서 보기 _ **알렉스 캘리니코스** … 124
부록2_ 마르크스주의와 아나키즘 _ **폴 블랙레지** … 184

감사의 말

샐리 캠벨, 키어런 앨런, 폴 블랙레지, 마크 버그펠드, 알렉스 캘리니코스, 앤디 더건의 비판적 조언과 제안에 감사한다.
감사와 사랑의 마음을 담아 이 책을 내 동반자 메리 스미스에게 바친다.

일러두기

1. 이 책은 John Molyneux, *Anarchism: A Marxist Criticism* (Bookmarks, 2011)을 번역한 것이다.

2. 부록1 "토니 네그리, 맥락 속에서 보기"는 Alex Callinicos, "Toni Negri in Perspective", *International Socialism* 92(Autumn, 2001)를 이수현, 최일붕이 번역해서 《마르크스21》 10호(2011년 여름)에 실린 것을 이 책에 다시 실었다.

3. 부록2 "마르크스주의와 아나키즘"은 Paul Blackledge, "Marxism and Anarchism", *International Socialism* 125(Winter 2010)를 김학균이 번역해서 《마르크스21》 10호(2011년 여름)에 실린 것을 이 책에 다시 실었다.

4. 인명과 지명 등의 외래어는 최대한 외래어 표기법에 맞춰 표기했다.

5. 《 》부호는 책과 잡지를 나타내고, 〈 〉부호는 신문과 주간지를 나타낸다. 논문은 " "로 나타냈다.

6. 본문에서 [ ]는 옮긴이가 독자의 이해를 돕거나 문맥을 매끄럽게 하려고 덧붙인 것이고, 지은이가 덧붙인 것은 [— 몰리뉴] 식으로 지은이의 이름을 넣어 표기했다.

7. 본문의 각주는 옮긴이가 덧붙인 설명이다.

8. 원문에서 이탤릭체로 강조한 부분은 고딕체로 나타냈다.

머리말

 이 책을 한창 쓰고 있던 2010~11년 겨울, 튀니지와 이집트에서 혁명이 일어났다. 지금도 리비아·바레인·예멘·시리아 등지에서 영웅적 투쟁들이 계속되고 있다. 나는 이집트 좌파와 오랫동안 교류해 왔기 때문에 잠시 동안 아나키즘 비판을 뒷전으로 미루고 이 중대한 사건들에 집중할 수밖에 없었다. 그러나 곧바로 스페인에서 벌어진 광장 점거 운동은 아나키즘 비판이 시급하고 중요하다는 것을 보여 줬다.
 2011년 5월 15일, 이집트 카이로 타흐리르 광장에서 영감을 받은 스페인인 수천 명이 전국 지방선거를 1주일 앞두고 마드리드의 주요 광장인 푸에르타 델 솔을 점거했다. 시위대는 실업, 주택난, 부패한 정치체제에 항의했다. 광장에 모인 시위대는 스스로 '분노한 사람들los indignados'이라고 부르며 주류 정치인과 정당을 모두 비난했다. 시위대의 주요 구호는 "저들은 우리를 대변하지 않는다!"였고, "지금 당장 진정한 민주주의!"를 요구했다. 며칠 만에 '분노한 사람들'의 점거와 캠프가 바르셀로나의 카탈루냐 광장을 포함해 100개가 넘는 도시로 퍼졌다. 멀리 떨어진 벨기에 브뤼셀과 아일랜드 더블린에서도 스페인 공동체들이 연대 집회를 열어 '분노한 사람들'을 지지했다. 6월 19일 스페인에서는 바르셀로나 25만 명을 포함해 거의 100만 명이 '분노한 사람들'에 연대해 행진했다. 게다가 5월 25일 그리스 아테네 신타그마 광장에도 비슷한 캠프가 차려져, 유럽연합EU과 국제통화기금IMF이 그리스 민중에게 강요하는 가혹한 긴축 조처를 거부하는 총파업과 대중 시위의 초점 구실을 했다.

전반적으로 이 운동은 젊고 평화적이었으며, 매우 활기차고 열정적이었다. 이 운동은 분명히 다양한 형태의 아나키즘과 자율주의의 영향을 받거나 적어도 아나키즘이나 자율주의 사상의 영향을 받았다. 시위 참가자들은 총회를 열어 의사 결정을 하는 방식으로 직접 민주주의를 구현하려 했고, 정당과 정당의 배너, 깃발, 신문 등은 일절 광장에 들어올 수 없게 막았다.

'분노한 사람들'의 투쟁은 2008년 리먼브러더스 파산으로 세계 자본주의가 위기에 빠지자 그 대응으로 시작된 국제적 투쟁 물결의 일부였다. 계속되는 그리스 노동계급의 저항, 프랑스 노동자들의 연금 투쟁, 2010년 말 영국의 학생 반란, 실로 경이로운 튀니지·이집트 혁명과 중동 전역의 '아랍의 봄', 미국 위스콘신 주에서 벌어진 대중운동, 영국 노동자들의 대규모 3·26 시위와 6·30 파업 등 세계 곳곳에서 투쟁이 고조됐다. 이 책이 출판될 무렵에는 더 많은 투쟁이 벌어질 것이다.

  이런 상황에서 아나키즘 사상과 정서 또는 아나키즘에서 영감을 얻은 사상과 정서가 확산되는 것은 거의 필연적이다. 1968년의 거대한 투쟁에서, 특히 파리의 5월 총파업과 당시 학생운동에서도 똑같은 일이 벌어졌고, 1999년 시애틀에서 시작된 국제 반자본주의 운동에서도 이런 현상이 반복됐다. 아나키즘의 특징, 즉 국가와 권위, 부패한 의회 정치와 제 잇속만 챙기는 정당을 전면 거부하는 태도는 새로이 급진화한 청년들의 자발적 반란에서 강력한 반향을 불러일으킨다. 이런 현상은 특히 좌파의 정치적 공백이 있을 때 두드러지는데, 이런 공백은 옛 공산당의 역사적 쇠퇴와 소멸, 전통적 사회민주주의 정당의 우경화(부시와 베를루스코니의 절친인 토니 블레어는 이런 우경화의 전형을 보여 주는 혐오스런 인물이다)에서 비롯한 것이다. 또, 이런 현상은 새로운 전술을 모색하게 하고 사회 변화의 가능성에 대한 기대를 확산시키는 등 운동에 상상력과 열정을 불어넣기 때문에, 관료주의와 타성에 젖어 무기력한 것보다는 여러모로 환영할 만한 발전이다.

그렇다고 아나키즘 사상이 운동에 적절한 행동 지침을 제공한다는 말은 아니다. 불행히도 그렇지 않다(불행인 이유는 아나키즘이 행동 지침을 제시하더라도 그것은 정치 활동을 회피하는 방식이고 대체로 유효하지 않기 때문이다). 사회주의자이자 마르크스주의자로서 내가 하고 싶은 말은 '좌파'와 사회주의자들, 그리고 혁명가가 되고자 하는 사람들은 모두 아나키즘의 영향을 받은 운동 속에서 연대와 협력 정신을 갖고 배우려는 자세로 활동할 줄 알아야 하지만(마르크스를 포함해 위대한 마르크스주의자들은 늘 운동에서 배웠다), 아나키즘에 매력을 느끼는 사람들과 토론하고 그들을 설득하려고도 노력해야 한다는 것이다. 자율주의 사상(자율주의는 마르크스주의보다 아나키즘에 훨씬 가깝다)을 포함해 아나키즘 사상에는 근본적 약점이 있기 때문이다. 이 책 전체에서 아나키즘의 약점을 밝히겠지만 여기서는 아나키즘의 약점이 드러난 최근 경험을 몇 가지만 살펴보겠다.

첫째는 스페인 투쟁이다. 앞서 말했듯이 이 운동의 주요 구호는 "저들[정부와 정치인들 — 몰리뉴]은 우리를 대변하지 않는다"와 "지금 당장 진정한 민주주의를!"이다. 이런 구호를 대중적으로 확산시킨 것은 대단한 성과다. 이 구호들은 의회 민주주의는 엉터리라고 정곡을 찔렀다. 즉, 사람들이 4~5년에 한 번씩 선출하는 정치인들은 유권자를 속이고 등쳐 먹고 제대로 대변하지도 않으며 오히려 진정한 권력은 선출되지도 책임지지도 않는 기업 이사회와 국가 관료 기구에 있다는 사실을 들춰낸 것이다. 그러나 여기에는 심각한 문제도 있었다. '분노한 사람들'은 '진정한 민주주의'를 요구했지만 그 요구를 어떻게 쟁취할 것인가? 요구만 하면 쟁취할 수 있는 과제가 아니라는 점은 명백했다. 시위대가 '직접 민주주의'라고 부른 '진정한' 민주주의를 쟁취하려면 적어도 스페인 정부와 국가기구가 자발적으로 해체해야 했다. 물론 '분노한 사람들'은 [정부와 국가기구를 해체하지 않고도] 광장 총회를 통해 자신들의 진정한 민주주의를 만들어 내고 있다고 대꾸할 수 있었을 것이다. 그러나 그들의 '진정한 민주주의'는 분명히 인상적인 성과였지만 그것은 광장을 민주적으로 통제할 수 있었을 뿐 더 넓은 사회를 통제하지는 못했다. 즉, 경제를 통제할 힘도 없었고 경찰, 군대 등 스페인 사회의 중요한 권력기관들을 통제할 힘도 없었으며 그런 힘을 쓸 수 있는 전략이나 노선도 없었다.

광장의 일시적 민주주의가 아니라 사회 전체에 진정한 민주주의를 실제로 도입하려면 적어도 두 가지 조처가 이뤄져야 했다. 첫째, 기존 국가 체제를 전복하고 직접 민주주의에 기반한 새로운 국가 체제로 대체해야 했다. 둘째, 기존 권력자들과 부자들의 저항은 필연적이므로 이런 변화를 가져올 수 있는 대중의 힘을 모으고 동원하는 일, 즉 혁명이 필요했다. 그러려면 평범한 대다수 노동 대중이 거리뿐 아니라 경제 권력의 토대인 작업장에서도 투쟁에 나서게 할 수 있는 정치 전략을 발전시켜야 했다. 다시 말해, 국가·지도부·정치조직을 거부하기만 하는 아나키즘의 전형적 특징에서 벗어나야 했다.

둘째 사례는 이집트 혁명이다. 얼핏 보면 이집트 혁명은 아나키즘의 몽상이 옳다고 확인시켜 주는 듯하다. 즉, 대중의 자발적 반란이 증오의 대상인 독재자를 몰아냈고, 격렬한 거리 시위에서는 페이스북과 트위터를 통해 동원된 청년들이 두드러진 구실을 했다는 것이다. 실제로 이런 설명에는 일말의 진실이 있다. 프랑스 대혁명, 파리코뮌, 러시아 혁명 등 위대한 혁명은 대부분 자발적으로 시작됐고 이집트 혁명도 단일 정당이나 정치 세력이 지휘하거나 지도하지 않았다. 그러나 자세히 들여다보면 자발적 운동 안팎에서 단단한 정치조직을 많이 발견할 수 있는 것도 사실이다.

2011년 1월 25일에 시작한 반란은 느닷없이 벌어진 일이 아니었다. 이 반란은 1월 14일 튀니지 혁명의 승리로 촉발됐지만 몇 해 전부터 민주주의 투쟁, 반제국주의 투쟁, 노동자 투쟁을 통해 준비되고 있었다. 이런 투쟁들에서 아나키즘 사상은 거의 영향을 미치지 못했고 무슬림형제단이나 나세르주의 카라마당, 혁명적사회주의자단체 같은 정치조직들이 중요한 구실을 했다. 무엇보다 2008년의 파업 물결 속에서 독립 노동조합들이 등장했고 (이전 노동조합은 무바라크 정권이 통제하고 있었다) 이 독립 노조들은 혁명 과정에서 더 발전했다. 혁명 과정 자체에서도 이 정치조직들은 계속 능동적으로 투쟁에 관여했고 다른 정치조직들도 생겨났다.

특히 이집트 제1야당이던 무슬림형제단이 한 구실이 흥미롭다. 독재 치하에서 무슬림형제단은 신중한 온건 개혁주의 정당이었는데, 이슬람주의 조직이긴 했지만 극단적 근본주의자나 테러리스트 조직은 아니었다. 여러모로 무슬림형제단은 알카에다보다는 영국 노동당에 더 가까웠지만 불법이었고 자주 탄압받았다. 무슬림형제단은 혁명의 출발이 된 1월 25일 시위를 반대했지만 혁명이 대중의 지지를 받자 압력에 굴복해 청년 당원의 시위 참가를 허용했다. 무슬림형제단 청년들은 경찰에 맞서 영웅적으로 싸웠고, 2월 2일 낙타 전투에서도 무바라크를 지지하는 깡패들에 맞서 목숨 걸고 싸워서 타흐리르 광장을 지켜 냈다. 그런데 무바라크가 물러나고 군부가 권력을 잡자 무슬림형제단은 태도를 바꿔 정부를 지지했고 시위 지속에 반대했다. 이 때문에 많은 청년 당원이 분열해 나갔다. 무엇보다 이 글을 쓰고 있는 지금(2011년 7월 8일) 20여 개의 정당을 포함해서 많은 사람들이 타흐리르 광장을 점거한 채 혁명의 속도를 높이라고 요구하고 있는데 무슬림형제단은 이를 지지한다고 밝혔다!

이집트 혁명이 계속되기를 바라는 사람들, 혁명이 '진정한 민주주의'를 이루고 자본주의를 끝장내기를 바라는 사람들은 모두 무슬림형제단의 이런 모순을 전략·전술적으로 다룰 줄 알아야 한다. 또 성장하는 독립 노조와 함께 활동할 줄 알아야 하고, 새롭게 급진화한 이집트 민중의 엄청난 혁명적 에너지를 한데 모으려면 민주주의 요구와 사회·경제적 요구를 결합시킬 줄도 알아야 한다. 불행히도 이런 모순에 대처하고 전략·전술적으로 활동하는 것은 아나키즘의 강점이 아니다. 스페인의 '분노한 사람들'처럼 모든 정당, 노동조합, 깃발을 완전히 거부하면 고립을 자초할 뿐이다. 오늘날 이집트에서 팔짱 끼고 앉아 이집트 노동자 대중이 스스로 종교와 군대, 부르주아 민주주의에 대한 환상에서 벗어나 진정한 아나키스트가 될 때까지 기다려야 한다고 말할 수는 없는 노릇이다. 그랬다가는 혁명적 기회를 놓쳐 버릴 것이고 사회주의자와 혁명가는(아나키스트든 트로츠키주의자든 레닌주의자든) 모두 감옥에 갇히고 말 것이다.

다시 말해, 최근의 사건들은 이 책의 기본 주장이 올바르다는 것을 보여 준다. 즉, 지난 150년의 경험을 보면 아나키즘 사상은 장점도 많지만 세상을 바꿀 수 있는 방법을 제공하지 못한다는 사실을 분명히 알 수 있다.

1장_ 아나키즘의 매력

아나키즘은 썩어 빠진 이 사회에 맞서 저항하는 사람들에게 언제나 강렬한 매력이 있었다. 특히 청년들에게 인기가 많은데, 이것은 아나키즘의 장점이다. 활력과 열정이 충만하고 높은 이상을 품은 청년들은 불굴의 의지와 용기로 모든 급진적·혁명적 운동에서 두드러진 구실을 했다.

아나키즘은 만연한 착취와 불의, 자본주의 국가의 막강한 권력, 지배 이데올로기의 억압적 통제에 맞서 '됐거든' 하고 시원하게 쏘아붙인다. 아나키즘은 우리가 이런 식으로 살 필요가 없다고 말한다. 부자와 빈자, 착취자와 피착취자, 지배자와 피지배자 같은 구분이 사라져야 한다고 주장한다. 전쟁, 인종차별, 억압도 사라져야 하고 소수가 다수를 지배해서도 안 되고 심지어 다수가 소수를 지배해서도 안 된다고 말한다.

대중은 본래 어리석거나 이기적이므로 위에서 시키는 대로 행동해야 한다고 지배자들은 끊임없이 떠들어 대지만, 아나키즘은 이런 논리를 반박하며 우리는 얼마든지 조화롭게 협동하며 살 수 있다고 주장한다.

아나키즘은 부르주아 (기성) 정치의 위선과 이기적 기회주의, 즉 정치인들은 자신들을 과대 포장해 홍보하고 각종 정책은 원칙 없이 여론에 휘둘리는 부르주아 정치를 경멸하고 거부한다. 특히 아나키즘은 주류 좌파와 야당이 갈수록 이 부패한 공식 정치에 통합되는 것에 대한 반발을 대변한다. 아나키즘은 대중의 광범한 정서, 즉 정치인은 모두 권력 다툼에 혈안이 돼 있고 제 잇속만 챙기는 똑같은 놈들이라는 생각을 급진적으로 표현한다.

따라서 오늘날 유럽 전역에서 아나키즘이 조금씩 부활하는 것은 당연하다. 역사상 지금처럼 개혁주의적 사회주의, 즉 사회민주주의가 체제에 도전하려는 생각을 공공연하게 포기하고 국가의 공범 노릇만 한다는 사실이 분명히 드러난 적도 드물다. 훨씬 더 중요한 사실은 동유럽과 소련의 이른바 공산주의 체제가 완전히 해체됐다는 것이다. 전 세계 수많은 사람은 동유럽과 소련을 서방 자본주의의 현실적 대안으로 여겼는데 1989~92년의 사건들은 그런 생각이 착각이었음을 냉혹하게 보여 줬다. 즉, 동유럽과 소련의 몰락은 관료적 지령 경제의 끔찍한 실패뿐 아니라 그 체제에 대한 대중의 엄청난 분노도 보여 줬다. 60년 동안 전 세계 좌파의 지배적 경향이던 스탈린주의는 거의 몰락했고, 그 결과 공산당원들뿐 아니라 동구권이 어쨌든 서방 자본주의보다 우월하다고 믿던 사람들도 사기 저하를 겪었다. 이런 상황에서 급진적 대안을 찾는 일부 사람들이 아직 타락하지 않은 이데올로기는 오직 아나키즘뿐이라고 생각한 것은 당연한 일이었다.

아나키즘은 특정한 라이프스타일의 이데올로기적 근거로서도 상당한 매력이 있다. 걸핏하면 일자리를 잃고, 흔히 집이 없거나 빈집에서 무단 거주하거나 형편없는 집에서 셋방살이를 하는 가난한 청년들, 도심 빈민가에서 사회 주변부 집단처럼 살아가는 청년들에게 아나키즘은 자신들을 거부하는 체제를 그들도 거부한다는 것을 상징한다.

그러나 특정 이데올로기가 고귀한 목표와 강렬하고 다양한 매력이 있다는 것과, 실제로 그 목표를 이룰 잠재력이 있는가 하는 것은 완전히 다른 문제다. 예를 들어, 스탈린주의는 자본주의와 제국주의를 반대하는 사람들에게 엄청난 매력이 있었지만 역사는 스탈린주의가 파산했음을 보여 줬다. 그렇다면 아나키즘은 인간 해방을 위한 투쟁을 승리로 이끌 수 있는 이데올로기일까?

이 책은 아니라고 주장할 것이다. 아나키즘의 기본 사상에는 중대한 결함이 있고, 이 때문에 실천에서는 해방 투쟁을 방해하는 결과를 낳을 수 있다는 것이 이 책의 주장이다. 이 책은 마르크스주의 관점(스탈린주의가 아니라 마르크스·레닌·트로츠키가 발전시킨 고전 마르크스주의 관점)에서 아나키즘의 이론과 실천을 비판할 것이고, 마르크스주의자와 아나키스트가 공유하는 최종 목표인 계급 없는 자유로운 사회로 이끌 수 있는 것은 마르크스주의뿐이라고 주장할 것이다.

2장_ 아나키즘 사상

아나키즘은 형태가 다양하다. 조직 자체를 반대하는 완전한 개인주의적 아나키즘이 있는가 하면 소규모 아나키스트 조직도 많다. 계급과 무관하게 사람들을 신뢰하는 아나키스트도 있지만 노동계급을 주목하는 공산주의 아나키스트도 있다. 마흐노(러시아 혁명 직후 벌어진 내전 당시 농민운동 지도자) 전통을 따르는 농민 아나키즘도 있고, 노동조합을 무시하는 아나키즘도 있지만, 노동조합에 기반을 둔 아나키즘적 신디컬리즘, 즉 아나코신디컬리즘도 있다. 혁명가인 아나키스트, 테러리스트인 아나키스트, 평화주의자인 아나키스트, 환경주의자인 아나키스트도 있다. 이런 분류 어디에도 속하지 않는 아나키스트도 있고 이 온갖 형태를 나름대로 독특하게 결합한 아나키스트도 있다.

프루동, 바쿠닌, 크로포트킨의 영향을 받은 아나키스트는 있지만 그들의 특정 이론이나 노선을 따르는 프루동주의자, 바쿠닌주의자, 크로포트킨주의자는 없다. 따라서 아나키즘 비판은 움직이는 표적을 맞추는 것과 비슷하다. 특정 이론이나 정책을 비판하면 대다수 아나키스트는 자신은 그런 이론이나 정책과 무관하다고 할 것이다. 특정 고전 사상가의 이론을 낱낱이 파헤치면 자신은 그 사상가를 따르지 않는다고 할 것이다.

그렇지만 모든 또는 대다수 아나키즘을 관통하는 일반 사상과 태도가 있으므로 이를 바탕으로 아나키즘을 비판할 수 있다. 다음 네 가지가 아나키즘의 가장 중요한 공통점이다. 첫째, 혁명적 국가를 포함해 모든 형태의 국가를 거부한다. 둘째, 혁명적 지도를 포함해 모든 형태의 지도를 거부한다. 셋째, 혁명적 정당을 포함해 모든 정당을 거부한다. 넷째, 개인주의 경향이다. 이것을 차례대로 살펴보겠다.

국가

아나키라는 말은 '지배자가 없다'는 뜻이고, 국가와 정부를 거부하는 것은 마치 아나키즘의 신조 같은 뚜렷한 특징이다. 아나키즘은 특정 국가와 정부를 거부하는 데 그치지 않고 국가와 정부 자체를 원칙적으로 거부한다.

아나키즘은 국가, 즉 사회 전체에 법적·물리적 힘을 휘두르는 특정 기구의 존재 자체가 억압적이고 인간의 진정한 자유와 양립할 수 없다고 주장한다. 억압을 없애고 자유를 쟁취하려면 국가의 지배를 중앙집중적 권위가 없는 자치 공동체의 지배로 대체해야 한다는 것이다.

사회 통념상으로는 이런 견해는 재앙적이거나 아니면 불가능하다. 재앙적인 이유는 국가가 없으면 사회는 (17세기 정치철학자 토머스 홉스가 말했듯이) '만인에 대한 만인의 투쟁'이 벌어지는 '정글의 법칙'이 지배할 것이고 사람들은 "끔찍하고 야만적인 삶을 살다가 일찍 죽을 것"이기 때문이다. 불가능한 이유는 일부 개인이나 집단이 높은 지위에 올라 지배자가 되는 것은 어쩔 수 없는 '인간 본성'이기 때문이다. 그러므로 우리가 바랄 수 있는 최선은 정부를 선출하고 언론의 자유 등 민주적 권리를 확보해서 국가를 민주적으로 만드는 것이다.

그러나 이 국가 존폐 문제에서는 사회 통념이 틀렸고 아나키즘이 옳다. 인류학은 인류가 오랫동안 국가나 정부 없는 사회에서 살았고 그런 사회는 혼란스럽기는커녕 지금 사회만큼 또는 지금 사회보다 더 질서 정연했다는 분명한 증거를 제시한다. 인류학자들이 우두머리 없는 여러 사회(남아프리카 칼라하리 사막에 사는 부시먼이라고도 부르는 쿵산족이 좋은 사례다)를 관찰하고 연구한 결과들을 보면, 인류가 출현하고 나서 5000~1만 년 전 농업과 목축이 시작되고 사유재산이 출현하면서 계급이 분화하기 전까지 수십만 년 동안 인류 사회에는 국가가 없었다고 믿을 만한 근거가 충분하다.

국가는 그 형태가 어떻든 한 집단이 다른 집단을 억압하는 도구라고 보는 아나키즘의 견해도 옳다. 의회 민주주의가 출현했다고 해서 이런 국가의 본질이 바뀌는 것은 아니다. 아무리 민주적으로 선출돼도 의회에는 진정한 권력이 없다. 진정한 권력은 선출되지 않은 장군·경찰청장·판사·장관 등 국가 관료와 은행·대기업에 집중돼 있다. 그들은 이 권력을 이용해 제 잇속만 차릴 뿐이고 평범한 사람의 이익 따위는 안중에도 없다.

그런데 국가 없는 사회가 아무리 바람직하고 가능하더라도 현존하는 국가는 어떻게 없앨 수 있을까? 아나키즘은 바로 이 핵심 문제에서 난관에 부딪힌다.

일부 아나키스트는 이 문제를 아예 무시한다는 사실을 먼저 짚고 넘어가야겠다. 이들은 순전히 개인적으로 국가의 권위를 거부하는 것에 만족하므로 국가를 철폐하기 위한 일관된 전략은 필요 없다고 생각한다. 그러나 이런 견해는 국가가 계속 대중을 억압하도록 내버려 둔다는 점에서 문제를 회피하는 태도일 뿐 아니라, 개인이나 소수 집단은 궁극적으로 국가권력에 저항할 수 없다는 점에서 자멸적 태도이기도 하다.

일부 아나키스트는 시골이나 심지어 도심에 소규모 자치 공동체를 만들어 국가의 권위에서 벗어나려 한다. 불행히도 아나키스트 공동체는 150여 년 전 로버트 오언과 공상적 사회주의자들이 주창했던 사회주의 공동체와 똑같은 어려움을 겪는다. 첫째, 그런 공동체는 극소수에게나 가능한 방안이고 둘째, 그 소수도 더 넓은 사회의 온갖 압력에 시달리다가 언젠가는 (대개 얼마 못 가) 그 압력에 굴복하고 말 것이기 때문이다.

국가 문제에 대한 가장 급진적이고 진지한 아나키스트의 답변은 혁명으로 국가를 전복해야 한다는 것이다. 즉, 대중적 민중봉기를 통해 노동계급이 자신의 직접행동으로 군대·경찰·법원·감옥 등 국가의 핵심 기구를 분쇄하고 해체해야 한다는 것이다.

마르크스주의 관점에서 볼 때 혁명으로 국가를 전복하자는 주장은 완전히 옳다. 레닌은 자신의 가장 중요한 이론적 저작 《국가와 혁명》에서 혁명의 핵심은 바로 이렇게 국가기구를 분쇄하는 것이라고 주장하며, 기존 국가를 인수해야 한다는 사회민주주의자와 개혁주의자의 견해를 비판했다. 더욱이, 국가기구 분쇄는 역사에서 실제로 벌어진 과정이다. 이런 일은 1871년 파리코뮌에서 처음 벌어졌고 1917년 러시아 혁명에서도 벌어졌다. 1919~23년 독일 혁명과 1936년 스페인 혁명, 1979년 이란 혁명 등 위대한 대중 혁명에서도 모두 국가기구를 분쇄하려는 경향이 나타났다.

그러나 낡은 국가기구를 분쇄하는 것은 곧바로 기존 국가를 무엇으로 대체할 것인가 하는 물음을 제기한다. 이 물음에 대한 아나키즘의 답변은 매우 모호하지만 아나키즘의 원칙에 부합하는 대답은 하나뿐이다. 즉, 기존 국가를 곧바로 정부도 없고 중앙집중적 권위도 없는 자치 공동체로 대체한다는 것이다. 이런 견해 때문에 아나키즘은 신뢰를 잃는다. 아나키즘처럼 마르크스주의도 국가가 필요 없다는 주장에 동의한다. 마르크스주의는 사회주의가 전 세계에서 확고히 자리 잡고, 계급과 계급투쟁이 사라지고, 생산력이 발전해서 누구나 생필품을 마음껏 쓸 수 있고 공익을 위한 노동 습관이 제2의 천성이 되면, 국가는 할 일이 없어져 사라질 것이라고 주장한다. 그러나 국가가 사라져야 한다는 주장과 혁명이 한창일 때 혁명적 계급이 권력을 포기해야 한다는 주장은 전혀 다른 문제다. 아나키즘은 혁명의 성공 여부가 아슬아슬한 상황에서조차 혁명적 계급이 권력을 모두 포기해야 한다고 주장한다.

이런 견해는 두 가지 이유에서 재앙적이다. 첫째는 옛 지배계급이 순순히 권력을 넘겨주지 않는다는 사실을 간과한다는 것이다. 봉기가 성공하더라도 계급투쟁은 끝나지 않는다. 역사상 존재했던 혁명은 모두 이 점을 보여 준다. 지배계급은 권력을 잃지 않으려고 무슨 짓이든 할 뿐 아니라, 잃어버린 권력을 되찾으려 할 때도 무슨 짓이든 서슴지 않을 것이다. 전 세계에서 동시에 혁명이 일어날 가능성은 낮기 때문에, 권력을 뺏긴 부르주아지가 다른 나라 정부와 반동 세력의 지원을 받을 수 있다는 것도 명심해야 한다.

혁명이 성공해도 관료들의 비협조, 경제적 사보타주, 무장 공격, 테러, 내전, 외국 군대의 개입 등 모든 위험을 염두에 둬야 한다. 혁명적 대중이 노동자 시민군이나 노동자 군대의 지원 없이, 대중의 의지가 존중되는 사법제도 없이, 중앙집중적 의사 결정과 권위 체계도 없이, 즉 혁명적 국가권력을 창출하지 않고도 이런 반혁명을 분쇄하고 혁명을 사수할 수 있을까? 어림없는 소리다.

이를 증명하는 역사적 사례는 많지만 가상의 예를 들어 보겠다. 프랑스에서 혁명이 일어났는데, [남동부의] 마르세유에서 우파가 봉기하고 북동쪽에서도 독일과 미국 정부의 지원을 받는 우파들이 쳐들어오고 있다고 치자. 혁명을 방어하려면 혁명군을 어떻게 모으고 무장할지, 어느 부대가 북동쪽에 집중하고 어느 부대를 마르세유에 파견할지 등을 결정해야 한다. 이는 중앙정부가 전국 수준에서 내려야 하는 결정이다. 그런 결정을 조율하지 못하면 혁명은 패배할 것이다.

혁명적 국가가 중요한 둘째 이유는 새로운 경제 질서를 세워야 하기 때문이다. 혁명이 일어나면 노동자들은 공장을 점거하고 노동자 통제를 실시하고 분배 협동조합을 건설하는 등 아래로부터 주도력을 발휘하겠지만, 이 초기 단계에서 국가는 여전히 필수적일 것이다.

예를 들어, 자본가들한테서 몰수한 공장과 산업을 누가 소유해야 하는지 생각해 보자. 새로운 국가가 아니라 각 기업의 노동자들이 따로따로 그 기업을 소유하면, 협력과 계획에 차질이 생기는 것은 물론이고 단결이 절실할 때 작업장끼리 경쟁하느라 노동계급이 분열할 수 있다.

다른 예로 철도를 보자. 이것은 138년 전 프리드리히 엥겔스가 아나키즘을 비판하면서 든 사례이기도 하다. 엥겔스는 다음과 같이 썼다.

> 철도를 운영하려면 수많은 사람의 협력이 절대적으로 필요하고, 이런 협력이 제시간에 정확히 이뤄져야 사고를 막을 수 있다. 이 일을 완수하기 위해 필요한 첫째 조건은 모든 관련 사항을 조정·결정할 수 있는 권위다. 이런 권위는 대표자 개인이 가질 수도 있고 관련 당사자 다수의 결정을 집행할 책임이 있는 위원회가 가질 수도 있다.[1]

이 주장은 오늘날에도 여전히 유효하다. 런던, 맨체스터, 뉴캐슬, 함부르크, 베를린, 뮌헨 등 모든 곳에서 철도 운영과 관련해서 노동자들의 조언을 많이 들을 수 있겠지만, 시간표를 짜거나 새로운 노선을 정할 때는 전반적 조정과 권위가 필요할 것이다. 비행기 운항을 생각해 보면 이 점은 훨씬 더 분명하고 절실해진다.

공동체 전체가 산업을 소유하면 된다는 것도 답이 될 수 없다. 시간이 흘러서 사회주의가 안착하고 진정으로 단결된 공동체가 이뤄진다면 공동체의 소유가 가능하겠지만, 혁명이 한창일 때 '공동체'는 이해관계가 달라 대립하는 계급들과 당파들로 분열하기 마련이다. 따라서 혁명적 공동체, 즉 노동계급이 자신의 이익을 구현하는 기구들을 건설하는 것이 절대로 중요하다.

실업자나 노약자 등 국가보조금에 의존해 살아가는 사람을 생각해 보자. 완전히 발전한 사회주의 (또는 아나키즘) 사회에서는 실업이 사라지고 생산물이 필요에 따라 분배되겠지만, 혁명 직후에는 국가보조금에 의존하는 사람이 여전히 많을 것이고 지원이 중단되면 이들은 굶주릴 것이다. 보조금을 지급하려면 소득세를 걷어야 하기 때문에 혁명 후 한동안은 세금 징수 권한이 있는 기구가 필요할 것이다. 그러므로 국가는 존재해야 한다.

국가가 필요 없다는 주장에서 드러나는 아나키즘의 약점은 혁명을 너무 낭만적으로 보는 데서 비롯한다. 아나키즘은 '위대한 그날' 이후에는 모든 문제가 선익만으로도 해결된다고 본다. 물론 혁명기에 대다수 노동 대중은 함께 행동하며 사회를 바꾸고 그 과정에서 그들 자신도 바뀐다. 즉, 그들의 정치·사회 의식이 바뀌고 자신이 집단의 일부라는 자각이 생겨나 놀라울 만큼 의식이 발전하는 것이다. 노동계급의 의식이 이렇게 바뀌지 않으면 새로운 사회는 건설될 수 없다. 그러나 이런 변화 과정은 완전하거나 균등하지 않고 그럴 수도 없다. 노동계급이 모두 같은 수준으로 투쟁에 참가하지는 않는다는 단순한 이유 때문이다. 일부 노동자는 투쟁에 아예 참가하지 않을 수도 있다. 수많은 하층 중간계급은 훨씬 더 그럴 것이다. 그래서 혁명 후 한동안 일부 대중의 세계관이나 특정 쟁점에 대한 생각은 여전히 낡은 사상이나 옛 지배계급의 영향을 받는다. 때때로 그런 사람들이 다수의 결정을 따르도록 (필요하다면 법률로라도) 강제해야 할 것이다. 이것이 노동자 국가가 필요한 이유다.

이것은 파업에 돌입한 노동자들이 파업에 참여하지 않은 동료가 대체 인력으로 투입되지 못하게 막으려고 피켓라인을 조직하는 것과 같은 원리다. 요컨대 노동자 국가란 가장 높은 수준의 피켓라인인 셈이다.

그러나 일부 아나키스트는 국가가 존재하게 되면 권력을 쥔 특권적 소수가 부패할 수밖에 없고 그 권력은 머지않아 새로운 독재 체제로 굳어질 것이라고 주장한다. 이런 주장은 노동계급이 과거에 혁명적 권력기관을 창출하는 능력을 거듭거듭 보여 줬다는 사실을 무시하는 것이다. 즉, 낡은 자본주의 국가와 내용과 형식이 완전히 다르고 민주적일 뿐 아니라 평등하기도 한 권력기관을 말이다.

1871년 파리코뮌은 공직자를 모두 선출하고 언제든 소환할 수 있고 선출된 공직자에게는 노동자 평균임금을 지급한다는 원칙을 정했다. 이 원칙은 출세주의자가 끼어들 여지를 없애고 선출된 공직자가 자신을 뽑아 준 사람들과 동떨어진 이해관계를 발전시키지 못하도록 하는 데 큰 도움이 됐다. 1905년 러시아 혁명 당시 페테르부르크에서 처음 등장했고 1917년 혁명에서는 전국으로 확대된 노동자 평의회('소비에트'는 러시아어로 평의회라는 뜻이다)는 이런 원칙을 더욱 발전시켜서 작업장에서 대표를 선출하게 했다. 각 대표는 민주적 토론과 논쟁이 벌어질 수 있는 작업장을 대표해야 했기 때문에 아래로부터 통제가 더 강해졌다.

매우 넓은 지역 단위로 대표를 선출하는 의회 선거에서 유권자들은 자신이 선출한 국회의원이 선거공약을 모두 어기거나 정치적 견해를 완전히 바꿔도 그를 통제하거나 소환할 수 없다. 유권자들은 서로 만난 적도 없고 그래서 집단적 의지를 형성하거나 집단적 결정을 내릴 수 없는 원자화한 개인들이기 때문이다. 2010년 영국 총선은 이 점을 잘 보여 줬다. 수많은 사람이 보수당이 싫어서 자유민주당에 투표했는데 자유민주당은 데이비드 캐머런이 이끄는 보수당과 연립정부를 구성했고 복지를 대대적으로 공격하기 시작했다. 그러나 유권자들은 다음 선거가 치러지기 전까지는 의회 밖에서 항의하는 것 말고 달리 할 수 있는 게 없는데, 그때쯤이면 복지는 이미 크게 후퇴해 있을 것이다. 이와 달리 작업장별로 대표를 선출하는 노동자 평의회에서는 작업장 모임을 소집해 대표를 소환하면 그만일 것이다.

한편, 이런 노동자 평의회 체제는 작업장에 속하지 않은 사람들, 예컨대 실업자·연금생활자·가내노동자 등을 배제하기 때문에 민주적이지 않다는 반론도 있다. 과연 그럴까? 노동자 평의회는 노동자의 집단적 힘이 집중된 곳, 즉 작업장에 기반을 둔다는 것이지 다른 곳에서 선출된 대표를 포함하지 말자는 것이 아니다. 예컨대, 실업자 단체, 연금생활자 단체, 세입자 협회나 주민회 등에서 선출한 대표를 배제할 이유가 없다. 사실 착취자와 파시스트를 제외한 집단은 모두 대표를 선출할 수 있고 선출해야 한다. 게다가 노동자 평의회에는 십중팔구 노동 대중의 다양한 경향과 이견을 대변하는 정당이나 단체가 많이 있을 것이다. 노동자 평의회는 결코 일당 국가나 독재 체제를 만들려는 것이 아니다. 오히려 노동자 평의회는 자본주의 의회 체제보다 훨씬 더 민주적일 것이고 평범한 노동계급 대중의 참여를 훨씬 더 쉽게 할 것이다.

러시아 혁명 이래로 노동자 평의회는 계속 생겨났다. 1918~19년 독일 혁명과 1920년 이탈리아와 1956년 헝가리에서도 나타났고, 1972년 칠레, 1979년 이란, 1980년 폴란드에서는 맹아적 형태로 나타났다. 2011년 이집트 혁명에서 등장한 '혁명수호민중위원회'도 노동자 평의회로 나아갈 수 있다.

노동자 평의회는 미리 만들어진 청사진을 바탕으로 건설되는 것이 아니라 투쟁 속에서 자발적으로 등장한다. 노동자 평의회는 노동계급이 체제 전체에 도전하기 시작할 때 필연적으로 채택하는 조직 형태다. 노동자 평의회는 새로운 노동자 국가의 핵심이고, 이 노동자 국가는 낡은 자본주의 국가를 대체하고 계급 없는 사회로 나아갈 것이다. 그러면 국가는 점차 소멸할 것이다.

요점은 다음과 같다. 국가는 영원불멸의 기구가 아니다. 그렇다고 실수로 생긴 것도 아니고, 아나키즘이 등장해 국가가 필요 없다고 설명해 주기 전까지 우연히 인류를 사로잡은 나쁜 사상도 아니다. 국가는 특정한 사회·경제적 조건(무엇보다 중요한 점은 생산력 수준이 낮아서 사회가 적대 계급으로 분화했다는 것이다)에서 출현했고, 이 조건이 바뀌지 않으면 사라지지 않는다. 그리고 이 조건을 바꾸려면 새로운 혁명적 형태의 국가가 반드시 필요하다.

지도

아나키스트는 지도를 거부한다고 흔히 주장한다. 이 주장에는 타당한 측면이 있다. 자본주의 사회에서 지배계급은 언제나 자신을 타고나 지도자로 여기고, '리더십'은 다양한 엘리트 교육을 통해 자식에게 대물림해 줘야 하는 주요 자질 가운데 하나다. 지배계급의 지도는 거만함, 힘없는 사람 괴롭히기, 특권과 동의어다. 이런 맥락에서 아나키스트가 지도를 반대하는 것은 옳다.

노동운동과 노동조합운동에서 나타나는 좌파의 지도도 매력적이지 않기는 매한가지다. 20세기 내내 '사회주의' 지도자, 즉 사회민주주의 지도자가 되는 것은 온건해지고 출세를 지향한다는 말이었다. 일반적 패턴은 이런 식이었다. 급진적으로 들리는 정책과 언사를 바탕으로 기층의 지지를 얻기 시작한 활동가가 점차 유명해지면서 슬슬 신념을 포기한다. 그러다가 완전히 정치 엘리트의 일원이 되면 말쑥한 정장 차림에 운전기사 딸린 차를 굴리며 고액의 보수를 받고 재계 인사들과 교분을 쌓고 그 밖의 수많은 특권을 누리면서, 원래 자신이 바꾸려 했던 기성 체제의 완전한 포로가 되고 만다.

노동조합 지도자도 거의 비슷하다. 노동조합 고위 상근간부가 되는 순간 그는(대체로 남성이다) 현장의 불쾌한 노동조건에서 벗어나 안락한 사무실에서 일하기 시작한다. 그의 임금과 노동시간은 자신이 대변하는 조합원의 임금이나 노동시간과 아무 상관이 없게 되고 그의 특혜는 점점 늘어난다. 상근간부가 하는 일은 노동자와 사용자를 중재하는 것이고 그 과정에서 노동자보다 사측과 더 많은 시간을 보낸다. 노조 상근간부의 정치적 부패(재정적 부패까지는 아니더라도)는 거의 필연이다. 머지않아 그는 노동쟁의나 파업을 싸워서 이겨야 할 전투가 아니라 [원만히] 해결해야 할 골치 아픈 문제라고 생각하게 되고, 이런 문제를 해결하는 최선의 방법은 협상을 통해 최소한의 양보라도 얻어 내서 이걸로 조합원을 회유하거나 아니면 위협해서라도 받아들이게끔 하는 것이라고 여기게 된다.

이런 종류의 지도는 정치적 재앙을 낳는다. 거대한 격변의 시기, 즉 노동 대중이 운동에 뛰어들고 스스로 문제를 해결하려 나설 때 개혁주의 지도자와 노동조합 지도자는 본능적으로 투쟁을 잠재우고 일상을 회복하려 한다. 설사 그 행위가 자신이 대변해야 할 운동을 배신하는 것이라도 개의치 않는다.

1968년 5월 프랑스를 뒤흔든 반란이 전형적 사례다. 학생과 노동자의 놀라운 자발성을 보여 준 이 대중운동은 드골 정권을 뒤흔들었다. 파리 시내 곳곳에서 대규모 거리 전투가 벌어졌고 학생들은 대학을 점거했고 노동자 1000만 명이 총파업을 벌이고 수많은 공장을 점거했다. 그러나 '지도자'(당시는 대부분 공산당과 노동총연맹CGT 지도자였다)들은 장차 혁명으로 발전할 수도 있는 이 운동의 수위를 임금 인상과 노동조건 개선으로 낮추고 모든 노동자가 하루빨리 작업에 복귀하는 것이 최선이라고 생각했다.

노동계급 투쟁과 혁명운동의 역사에서 계속 반복된 '지도자'의 이런 배신 행위 때문에, 지도 자체가 잘못이고 없어져야 한다는 결론을 내리기 쉽다. 불행히도 이런 견해로는 지도가 엄연히 존재하는 현실이라는 문제를 해결할 수 없다. 더구나 지도는 사람들의 머릿속에 있는 잘못된 생각에서 비롯한 것도 아니고 일부 개인들의 타고난 사악함이나 특정 조직 구조에서 비롯한 것도 아니다. 지도는 사람들의 경험이 다르고 그 결과 정치의식, 헌신성, 지식, 자신감 등이 불균등한 데서 비롯한 것이다.

모든 작업장, 모든 노동조합 지부, 모든 운동에는 필요한 일(즉 중요한 선전·선동을 담당하고, 사람들에게 연락을 돌리고, 돈을 관리하고, 가장 중요하게는 운동의 정치적 방향을 제시하는 일)을 책임지고 해내는 데 남들보다 더 열의 있고 유능한 사람이 있기 마련이다.

공식 지도부나 조직이 없는 것으로 알려진 가장 자발적인 소요, 시위, 파업, 항쟁도 자세히 들여다보면 비공식적 지도의 계기와 구조를 발견할 수 있다. 결정적 순간에 '앞으로'를 외친 사람, 사람들을 밀치고 대열 맨 앞으로 달려간 사람, 처음으로 돌을 던진 사람 등 말이다.

아나키즘에도 지도가 존재한다. 아나키스트가 지도를 거부한다고 아무리 강하게 주장하더라도 아나키즘 운동에는 언제나 프루동, 바쿠닌, 크로포트킨, 마흐노, 골드만, 볼린, 두루티, 다니엘 콩방디[*] 같은 지도자가 있었다. 지도라는 문제에 관한 한, 아나키즘의 역사는 사회주의나 보수주의의 역사와 마찬가지로 어느 정도는 그 지도자들의 역사다. 아나키즘 운동이 지도자의 존재를 공식적으로 부정해도 문제는 사라지지 않는다. 오히려 문제를 더 키울 뿐이다. 왜냐하면 이 말이 뜻하는 바는 아나키즘 운동의 지도자는 공식적으로 선출되지 않았으므로 소환할 수도 없고 민주적으로 통제할 수도 없다는 것이기 때문이다. 따라서 아나키즘 운동에서는 지도자를 자처하거나 지도자 노릇을 계속하는 인물, 심지어 언론이 지도자로 띄워 주는 인물이 유난히 자주 나타난다(자발성주의가 강했던 1960년대 학생운동도 그렇게 언론의 각광을 받는 '운동의 스타들' 때문에 골머리깨나 앓았다). 사실 역사에서 아나키즘 운동은 그 지도자의 이름으로 알려지는 경우가 다반사였다. 오늘날 학자가 아니라면 어느 누가 바쿠닌의 운동, 마흐노의 운동, 두루티의 운동의 공식 명칭을 댈 수 있을까? 그에 비해 공산당, 제1인터내셔널, 볼셰비키는 물론 영국 사회주의노동자당조차 비교적 잘 알려져 있다.

아나키즘이 자신의 지도 문제도 해결할 수 없다면 노동계급 전체를 지도하는 문제는 더 해결할 수 없다. 역사를 돌아보면 노동계급을 지도한 것은 사회민주주의나 스탈린주의 세력이었

---

[*] 콘밴디트라고도 한다.

는데, 이들은 노동계급을 수도 없이 배신하고 패배로 이끌었다. 1914년에 제2인터내셔널이 민족주의에 투항해 제국주의 전쟁을 지지한 것, 1933년에 [사회민주주의와 스탈린주의가 모두] 히틀러에 굴복한 것, 토니 블레어와 신노동당이 신자유주의와 조지 부시와 이라크 전쟁을 열렬히 지지한 것이 단적인 예다. 아나키즘의 존재 자체가 이런 세력의 주도권에 대한 도전이다. 아나키즘이 책, 소책자, 신문, 유인물을 내거나 심지어 연설을 하는 행위 자체가 좌파와 노동계급에게 영향을 미치기 위한 투쟁이다. 그러나 아나키즘이 지도 자체를 거부하는 한, 따라서 계급의 지도부가 되고자 정치적·조직적으로 투쟁하지 않는 한, 아나키즘은 노동계급을 그 지도자에게서 해방시키는 데 기여하지 못하고 오히려 사기꾼 같은 개혁주의 지도자들이 계속 득세하도록 놔두게 될 것이다.

아나키즘은 또, "지도는 중요하지 않다. 대중이 무엇을 하는지가 중요하다"는 말 따위로 문제 자체를 눙치려 하겠지만 그것도 여의치 않을 것이다. 부르주아지의 엘리트주의, 개인주의와 딱 맞아떨어지는 부르주아 역사관은 확실히 지도자의 구실을 터무니없이 과장한다. 그래서 역사를 왕·황제·장군·대통령의 위업쯤으로 만들어 버린다. 마르크스주의자는 그 누구보다 이런 역사관을 거부한다. 그러나 지도자의 행동이 차이를 만들기도 한다. 물론 지도자가 마술을 부려 혁명을 만들어 낼 수 있는 것도 아니고 지도자의 의지력으로 대중운동을 건설할 수 있는 것도 아니다. 정말이지 지도자는 결코 혁명을 일으킬 수 없다. 오직 대중만이 혁명을 일으킬 수 있다. 그러나 대중운동이 존재하고 혁명적 상황이 도래하면 그 운동의 지도자가 무엇을 하느냐에 따라 결과가 상당히 달라질 수 있고, 어떤 경우에는 운동의 성패를 좌우할 수도 있다.

히틀러가 세력을 키워 가던 1929~33년 독일에는 대중적 노동운동이 존재했지만, 이 운동은 사회민주당SPD과 공산당KPD으로 분열해 있었다. 두 세력이 힘을 합쳤다면 나치는 집권하지 못했을 것이다. 그러나 사회민주당 지도부는 늘 그러듯 대결을 회피했고, 공산당 지도부는 나치가 아니라 사회민주당에 맞선 투쟁에 집중하라는 스탈린의 지령에 따라 움직였다. 이 때문에 운동은 단결하지 못했고 결국 나치가 집권하는 데 큰 도움을 줬다.

지도는 무시하면 그만인 문제도 아니고 없어지기를 바란다고 해서 해결될 문제도 아니므로 사회를 바꾸고 싶은 사람에게 남은 대안은 하나뿐이다. 즉, 진정한 혁명적 지도부를 건설하려 노력하는 것이다. 진정한 혁명적 지도부는 첫째, 지지자들의 민주적 통제를 받아야 하고 둘째, 체제가 가하는 부패 압력을 차단해야 하고 셋째, 운동이 전진할 수 있는 올바른 방향을 제시해야 한다. 그러나 아나키즘은 지도 문제에 대한 이론적 혼란과 맹목적 거부 때문에 이 일을 제대로 해낼 수 없다.

정당

혁명적 지도라는 문제는 혁명적 정당 문제와 직결된다. 그러나 아나키즘은 국가와 지도를 거부하는 것 못지않게, 아니 어쩌면 훨씬 더 강경하게 정당에 반대한다.

물론 지도 문제와 마찬가지로 아나키즘이 정당을 반대하는 것도 충분히 이해할 만하다. 이른바 공산주의 국가에서 자칭 마르크스주의 정당, 레닌주의 정당, 노동자 정당이 수많은 노동 대중을 억압하고 착취하는 주요 기구였다는 사실 때문에 '정당 반대' 정서가 널리 퍼져 있다. 여기에 사회민주주의 정당과 개혁주의 정당의 보수적·관료적·출세주의적 성격과 극좌파 정당을 지향하는 일부 조직들의 터무니없는 종파주의까지 감안하면, 정당의 필요성 자체를 의심하는 사람이 많다는 것은 어쩌면 필연적이다.

그렇지만 노동계급의 혁명적 정당을 건설하는 일은 일상적 계급투쟁을 벌일 때도 중요하지만 미래의 혁명이 성공하는 데는 훨씬 더 중요하다는 것도 엄연한 사실이다.

혁명적 정당이 필요한 간단명료한 이유는 두 가지다. 첫째, 매우 조직적이고 중앙집중적인 적과 싸워 이기려면 노동자도 조직으로 뭉쳐야 하기 때문이다. 노동자들이 자본의 집중된 힘과 마주하는 모든 작업장과 산업 현장에서 노동자의 저항이 승리하려면 조직과 행동 통일이 무엇보다 중요하다. 집단적 힘에 기대지 않고 개인적으로 기업주에게 도전하는 노동자는 쉽게 해고될 것이다. 사회 전체로 보면 이 점은 훨씬 더 분명하다. 극도로 중앙집중적인 기구, 즉 자본주의 국가가 기업주의 지배를 보호하기 때문이다. 계급의식과 정치의식이 조금이라도 있는 노동자는 누구나 이런 조직의 필요성을 이해한다. 따라서 일체의 조직을 거부하는 아나키스트는 노동계급 내에서 완전한 고립을 자초하는 셈이다.

둘째로 혁명적 정당이 필요한 분명한 이유는 노동계급의 정치의식이 항상 불균등하게 발전하기 때문이다. 자본가계급은 대중매체와 교육제도, 교회와 그 밖의 온갖 기관을 지배한다. 따라서 '일상적' 시기에, 즉 대중의 혁명적 투쟁이 벌어지지 않는 시기에는 자본주의 이데올로기가 대다수 노동자의 생각에 강력한 영향을 미친다.

그러나 노동 대중이 완전히 세뇌당해 자본주의가 그들에게 주입하는 것을 모두 수동적으로 받아들인다는 생각은 틀렸다. 노동자는 착취·억압·가난·실업 등을 경험하면서 자본주의 이데올로기를 의심하기 때문이다. 그렇지만 부르주아 사상이 노동계급을 강하게 사로잡고 있다는 것은 여전히 사실이다. 보통 노동계급의 의식은 자신의 경험에서 비롯한 비판적 의식과 자본주의가 주입한 반동적 의식이 뒤섞여 모순적이다. 예를 들어, 많은 노동자는 기업주를 증오하고 법 앞에 만인이 평등하지 않다는 것을 알지만 다른 한편으로 인종차별과 성차별 등 다양한 편견도 갖고 있다. 또 어떤 노동자는 인종차별과 성차별에는 반대하지만, 경제가 돌아가려면 이윤 동기가 있어야 한다고 믿는다. 평상시에는 소수 노동자만이 자본주의 사상을 일관되게 거부한다.

그래서 정치의식이 높은 이 소수 노동자를 기반으로 정치조직을 건설해 노동계급과 억압받는 사람들의 운동 속에서 혁명적 사상을 전파하려고 투쟁하는 것이 매우 중요한 것이다.

노동계급 조직의 필요성을 받아들이는 많은 아나키스트의 전략, 즉 아나코신디컬리즘 전략이 여전히 불충분한 것도 바로 이 때문이다. 아나코신디컬리즘은 마르크스주의 정당 이론에 반대해서 혁명적 노동조합주의를 내세운다. 아나코신디컬리즘은 적어도 노동계급과 연관 맺으려 한다는 점에서 개인주의적 아나키즘보다는 진일보한 것이지만 그래도 여전히 불충분하다.

노동조합은 근본적으로 자본주의 생산관계 내에서 임금과 노동조건을 개선하려고 협상하고 투쟁하는 노동자 대중조직이다. 노동조합이 이런 구실을 제대로 하려면 최대한 광범하게 조합원을 조직해야 한다. 가장 좋기로는 같은 작업장, 업종, 산업에 종사하는 노동자를 모두(단, 철저한 파업 파괴자와 파시스트는 제외하고) 포괄하는 것이다. 따라서 노동조합에는 의식이 모순되고 많은 쟁점에서 반동적 견해를 가진 노동자도 상당수 있기 마련이다.

그러므로 노동조합보다 한 차원 높은 노동자 조직, 즉 정당이 있어야 한다. 정당은 노동조합뿐 아니라 실업자·학생·전업주부 등 노동조합이나 작업장에 속하지 않은 여러 집단 안에서도 혁명적 사상, 혁명적 전략, 혁명적 지도를 위해 투쟁한다.

일부 아나키스트는 혁명적 사상을 위한 투쟁을 조율할 필요가 있다고 생각해 독자적 조직을 만들기도 하는데 사실 이런 조직은 정당이라고 이름만 붙이지 않았을 뿐 아나키스트 정당이다. 그들이 이 사실을 스스로 인정하지 않는 것은 장점이 아니라 단점이다. 즉, 그런다고 해서 다른 조직이 겪는 문제를 피할 수 있는 것은 아니다. 오히려 국가와 지도 문제에 대한 혼란과 마찬가지로 정당 문제에서도 혼란스럽다 보니 일관된 전략을 추구하기도 힘들고 자기네 조직의 구조와 구실도 분명히 이해하지 못하게 된다.

노동계급을 엄청나게 극찬하며 비현실적으로 묘사하는 것이야말로 진짜 혁명적이라고 여기는 사람만이 노동계급 조직의 필요성과 노동계급 의식의 불균등 발전을 부정할 수 있다. 따라서 아나키스트들의 가장 흔한 반박은, 혁명적 정당을 지향하는 조직에서도 필연적으로 관료주의, 엘리트주의, 권위주의 등등의 여러 폐해가 나타났다는 것이다. 그들은 다음과 같이 묻는다. "당신들이 주장하는 당에서는 이런 문제가 나타나지 않을 것이라고 어떻게 장담하는가?"

물론 장담할 수는 없다. 그러나 그렇게 따지면 혁명의 성공, 시위와 파업의 승리, 아나키즘의 성공도 장담할 수 없기는 마찬가지다. 이 문제를 다루는 합리적 방법은 많은 노동자 조직과 정당이 변질되는 이유를 해명하고 그렇게 변질되지 않으려면 어떻게 해야 하는지를 살펴보는 것뿐이다.

아나키스트는 흔히 지도자의 타고난 권력욕이나 민주집중제 같은 레닌주의 조직에 고유한 권위주의 때문에 그런 변질이 일어난다고 설명한다. '타고난' 성향이 문제라는 첫째 설명은 조직이나 집단, 사회는 모두 부패할 수밖에 없다는 것이고 따라서 아나키즘 자체도 불가능하다는 이야기가 되므로 자멸적인 주장이다. 둘째 설명도 설득력이 없다. 관료주의적 변질은 레닌주의 정당뿐 아니라 대중적 개혁주의 정당과 노동조합(아나코신디컬리스트가 주도하는 노동조합도 포함된다) 등 모든 노동자 조직에서도 발견되는 문제이기 때문이다.

이와 달리 마르크스주의자는 노동자 조직을 둘러싼 자본주의 사회가 그 노동자 조직에 가하는 압력 때문에 변질이 일어난다고 설명한다. 이 압력은 두 수준에서 작용한다. 한편으로, 자본주의가 기층 노동자들에게 강요하는 착취, 억압, 소외된 노동 때문에 노동자들이 자신의 지도자를 통제하는 데 필요한 자신감과 의식을 발전시키기가 힘들다. 다른 한편으로, 자본주의는 본래 노동자들의 지도부가 부패하도록 끊임없이 압력을 가해서 지도자와 기층 노동자를 직·간접으로 분리시킨다.

이런 설명은 혁명운동의 역사에서 명백한 최악의 변질 사례, 즉 볼셰비즘이 스탈린주의로 변질된 과정을 설명하는 데 특히 중요하다. 한편으로, 외부에서 지원하고 강요한 내전의 형태로 세계 자본주의가 러시아 혁명에 가한 압력 때문에 1917년 혁명의 주역인 노동계급이 사실상 해체됐다. 1917년에는 계급의식과 자신감이 절정에 달했던 바로 그 계급이 전쟁, 기근, 전염병, 경제 파탄 때문에 완전히 해체돼서 사회를 건강하게 민주적으로 통치할 수 없었고, 지도부의 관료화는 피할 수 없게 됐다. 다른 한편으로, 이 관료화한 지도부(스탈린이 상징하는)는 자본주의의 압력 때문에 국제 혁명(러시아 혁명을 구할 수 있는 유일한 방법)을 포기하고 독자적 방식으로 세계 자본주의와 경쟁하는 길을 선택했다. 즉, 경쟁적 자본축적을 위해 국가자본주의적 착취 체제를 확립한 것이다.[2]

상황은 매우 다르지만 동일한 압력 때문에 노동조합에서는 상근간부가 노동조합을 지배하고 개혁주의 정당에서는 국회의원이 당을 지배하게 된다.

그렇다면 혁명적 정당은 자본주의 사회가 끊임없이 가하는 이런 압력을 어떻게 물리칠 수 있을까? 다음 네 가지 조처가 핵심이다.

첫째, 혁명적 정당은 노동자들의 일상 투쟁에 관여해야 한다.

노동자 투쟁은 자본주의가 혁명적 정당에 가하는 압력과 정반대의 압력을 가하기 때문이다. 이와 달리 개혁주의 정당은 대체로 노동자의 수동성에 의존하고 종파들은 노동계급과 아무런 관계도 맺지 않는다.

둘째, 혁명적 정당은 혁명적 원칙을 확고하게 고수해야 한다. 그래야 자본주의의 압력에 굴복하기 쉬운 정치적 후진 부위와 출세주의자들을 걸러 낼 수 있다.

셋째, 당직자나 지도부는 결코 물질적 특혜를 누려서는 안 된다.

넷째, 혁명적 정당의 당 구조와 규칙은 민주주의(정책, 선거, 지도부의 권한과 책임에 대한 토론과 논쟁을 충분히 하는 것)와 중앙집중주의(다수의 결정을 실행하기 위한 행동 통일)를 결합시켜야 한다. 많은 사람들, 특히 아나키스트는 중앙집중주의나 규율을 권위주의적 상명하복 시스템이라고 곧잘 오해한다. 그러나 혁명적 정당에서 중앙집중주의나 규율은 민주적 장치이기도 하다. 그것은 당 지도부가 당의 정책을 확실히 실행하도록 강제한다. 반면에 민주적이지 않은 중앙집중적 조직에서는 지도부가 당의 정책을 '자유'롭게 무시하거나 마음대로 바꿔 버린다.

따지고 보면, 당과 계급투쟁의 생생한 관계가 결정적으로 중요한데 어떤 당헌이나 당 구조도 이 관계를 미리 보장해 줄 수는 없다. 그렇다고 해서, 혁명이 성공하려면 당이 필요하다는 사실이 바뀌는 것은 아니다. 또 자본주의가 모든 노동계급 정당에 끊임없이 가하는 압력을 물리칠 수 있는 최상의 수단을 제공하는 것은 바로 레닌주의적 민주집중제다.

정당 일반을 거부하는, 특히 레닌주의 정당을 반대하는 아나키즘은 노동계급의 조직적·정치적 무장해제를 거들어 줄 뿐이다.

개인, 사회, 계급

개인과 사회의 관계를 어떻게 보는가 하는 문제는 의심의 여지 없이 마르크스주의와 아나키즘의 주된 차이 가운데 하나다. 어찌 보면, 이 문제는 지금까지 살펴본 마르크스주의와 아나키즘의 차이보다 다루기가 더 까다롭다. 더 추상적이고 철학적인 논의가 필요한 데다 아나키즘 운동에는 이 문제에 대한 심각한 이견이 항상 존재했다는 사실이 논의를 더 복잡하게 만들기 때문이다. 그렇지만 개인주의적 아나키즘은 운동 내 꽤 중요한 경향이므로 꼭 다룰 필요가 있다. 다만 이 논의는 계급적 관점을 중시하며 개인주의를 거부하는 아나키스트를 겨냥한 것이 아니라는 점을 이해해 주기 바란다.

개인과 사회의 관계를 다루는 또 다른 이유는 마르크스주의를 흔히 조야한 반反개인주의로 오해하기 때문이다. 즉, 마르크스주의는 개인을 고려하는 것을 죄다 '부르주아적'인 것으로 매도하고 사회와 집단을 개인과 기계적으로 대립시킨다는 오해가 널리 퍼져 있다. 물론 마르크스와 마르크스주의를 이렇게 오해하도록 부추긴 것은 스탈린주의지만, 어쨌든 여기서 나는 이런 오해를 바로잡고 싶다.

개인주의적 아나키즘의 기원은 극단적 개인주의를 주장한 영국 철학자 윌리엄 고드윈(1756~1836)과 독일 철학자 막스 슈티르너(1806~56)로 거슬러 올라갈 수 있다. 극단적 개인주의는 슈티르너의 책 《유일자와 그의 소유》(1845)에 나온 다음과 같은 인용문에 잘 나타난다.

나에게는 어떤 것도 의미가 없다.
이 탁월한 사례들[신과 인류 — 몰리뉴]을 보면 이기주의자야말로 최고의 존재라는 것이 분명하지 않은가? 이를 교훈 삼아 나는 이제 저 위대한 이기주의자들[신과 인류]을 숭배하지 않고 나 자신이 이기주의자가 되려 한다.
신과 인류는 다른 것들은 안중에도 없고 오로지 자기 자신만을 생각한다. 나도 이들처럼 나 자신만을 생각하려 한다. …
따라서 완전히 내 것이 아닌 것은 모두 꺼져라. …
나 자신보다 더 나에게 의미 있는 것은 없다![3]

고드윈이나 슈티르너가 현대의 아나키즘에 직접 영향을 미쳤다고 하기는 힘들겠지만, 체계적이지 않고 상당히 모호한 개인주의는 아나키스트의 사고방식에서 아주 흔히 찾아볼 수 있는 요소이므로 극단적 개인주의, 즉 '자유로운' 개인은 아무 제약도 받지 않고 타인과 무관하게 오로지 자신의 목적만 추구한다는 생각은 비판적으로 검토할 가치가 있다.

첫째, 그렇게 아무 제약도 받지 않는 순수한 이기주의는 인류 역사에서 존재하지 않았다. 인간은 예나 지금이나 사회적 존재다. 즉, 사회의 다른 구성원에 의존하며 산다. 국가도 없고 별도의 정치적 권위도 없던 수렵·채집 사회에서 개인은 결코 자신이 하고 싶은 대로 하거나 자신만 챙길 수 없었다. 굶어 죽지 않으려면 사냥을 해야 했고 사냥은 집단적·협력적 활동이었다. 집단의 구성원으로서 자신이 해야 할 일을 하지 않는 개인은 집단에서 배제됐는데, 당시 집단에서 오랫동안 배제되는 것은 사망 선고나 마찬가지였다.

자신이 하고 싶은 대로 하는 '순수한' 자유는 오로지 생산 영역을 무시할 때만 생각할 수 있는 것인데, 인간은 생필품을 생산하지 않으면 살아갈 수 없는 존재다. 따라서 '순수한' 자유라는 생각은 생산물을 당연한 것으로 여기는 경향이 있다. 즉, 옷과 음식 같은 생필품이 어디선가 어떻게든 생산돼서 우리에게 제공된다고 '가정한다.' 물론 이런 생각은 매우 엘리트주의적이고 부르주아적인 태도다. (반대로 마르크스는 생산이라는 문제를 토대로 자신의 역사 이론을 발전시켰다.) 개인주의적 아나키스트는 재화가 아주 풍족한 사회를 건설해서 사람들이 일하고 싶으면 일하고 일하기 싫으면 안 하는 거의 완전한 자유를 누리면 된다고 주장할 수도 있겠지만, 그런다고 해서 주체의 문제, 즉 누가 어떻게 그런 사회를 건설할 것인가 하는 문제가 해결되는 것은 아니다.

둘째, 역사를 살펴보면 이런 극단적 개인주의의 사회적 기원은 매우 부르주아적이었다. 봉건제 사회에서는 신, 교회, 신이 정해 놓은 사회질서가 철학의 출발점이었다. "나는 생각한다. 고로 나는 존재한다"는 데카르트의 격언처럼 개인주의가 출발점이 된 것은 자본주의가 등장하면서부터였다. 근대 초기의 정치철학자 토머스 홉스의 사상, 즉 인간의 삶은 기본적으로 '만인에 대한 만인의 투쟁'이라는 주장은 반反아나키스트적 결론, 즉 강력한 국가가 필요하다는 논리를 정당화했다. 신고전파 부르주아 경제학도 개인적·합리적·이기적 소비자라는 '경제인' 개념을 출발점으로 삼았다. 더구나 아나키스트들은 이런 개인주의적 반권위주의에 좌파적 색채를 입히려 하지만, 많은 보수적 자유지상주의자들이 개인주의적 반권위주의를 토대로 매우 우파적이고 친자본주의적인 신자유주의를 옹호하는 것은 결코 우연이 아니다.

이와 관련해 19세기 후반의 독일 철학자 프리드리히 니체를 언급할 필요도 있다. 니체는 역사와 인간 행동(과 심지어 우주 전체)의 원동력을 모든 개인의 선천적 '권력의지'로 봤다. 니체는 아나키스트가 아니었고 나치를 포함해 극우파에 영향을 미친 것으로 더 유명하다. 그러나 니체는 슈티르너의 책을 읽고 영향을 받았고 미셸 푸코 같은 20세기 후반의 사상가들에게 중요한 영향을 끼쳤는데 이 푸코가 또 아나키즘에 영향을 끼쳤다. 많은 아나키스트가 모종의 권력의지 이론을 수용하고 이 이론을 적용해 자신을 제외한 다른 사람들, 예컨대 레닌주의자, 정치인, 관료 등의 행동을 설명한다. 또, 권력의지 이론은 국가나 권위가 계급 분열과 경제적 불평등의 원인이라고 보는 이론과도 잘 들어맞는다. 반면 마르크스주의는 그 원인과 결과를 반대로 본다.

보편적 권력의지 이론은 경험적 근거가 없는 것은 제쳐 두더라도 기본적으로 우파적 이론이다. 푸코처럼 권력의지 이론을 바탕으로 학교, 병원, 감옥, 사무실 등 사회 곳곳에 존재하는 권력과 권력 투쟁을 분석하고 그래서 언제나 권력에 저항하고 힘없는 사람들 편에 선다면, 권력의지 이론은 좌파적 색채를 띠거나 좌파적 호소력을 가질 수도 있다. 그래도 두 가지 문제는 남는다. 첫째, 우리가 바랄 수 있는 최상은 끝없는 저항뿐이고 총체적 해방은 가능하지 않다는 것이다. 왜냐하면 권력 투쟁은 항상 새롭게 되풀이될 것이기 때문이다. 둘째, 권력의지가 선천적이고 보편적이라면 왜 마르크스주의자나 아나키스트가 힘없는 사람들 편에 서야 하는가? 권력자들 편에 서는 것도 마찬가지로 합리적일 테고 어쩌면 그것이 더 합리적일 수도 있는데 말이다. 그래서 수많은 니체 지지자들이 실제로 그렇게 했다.

그렇다면 마르크스주의는 개인과 사회의 관계를 어떻게 설명하는가? 마르크스주의는 개인의 자유와 개성의 발전을 결코 반대하지 않는다. 마르크스와 엥겔스는 《공산당 선언》에서 자본주의가 개인주의를 설파하면서도 실제로는 다수의 개성을 짓밟는다고 비판했다.

> 부르주아 사회에서 자본은 독립적이고 개성이 있는 반면, 살아 있는 인간은 종속적이고 개성이 없다. … 부르주아지는 문화가 사라진다고 슬퍼하지만 대다수 사람에게 그 문화란 기계의 부속물로 훈련되는 과정일 뿐이다.

또, 마르크스와 엥겔스는 자신들의 목표가 "계급과 계급 대립으로 얼룩진 낡은 부르주아 사회 대신에 개인의 자유로운 발전이 만인의 자유로운 발전의 조건이 되는 연합체"라고 선언했다[강조는 몰리뉴].

엥겔스는 《반듀링론》(1877)에서 이 점을 더 자세히 설명했다.

> 개인이 자유로워야 사회가 자유롭다는 것은 말할 나위 없는 사실

이다. 그러므로 낡은 생산양식은 철저히 변혁돼야 하고 특히 기존의 분업이 사라져야 한다. 그 대신 새로운 생산조직이 등장해야 한다. 이 새로운 생산조직에서는 인간 존재의 자연적 조건, 즉 자기가 해야 할 생산적 노동을 다른 사람에게 전가할 수 없다. 다른 한편 생산적 노동은 인간을 예속하는 수단이 아니라, 누구에게나 자신의 모든 능력(정신적·육체적 능력)을 다방면으로 계발하고 재능을 마음껏 발휘할 기회를 제공해서 인간을 해방하는 수단이 될 것이다.[4]

마르크스는 개인이 사회와 동떨어져 존재하는 고립된 이기주의자나 사회라는 바다에 떠 있는 '외딴 섬'이 아니라고 생각했다. 마르크스는 《경제학-철학 수고》에서 "개인은 **사회적 존재**"라고 썼고,[5] "**조야한 공산주의**"를 비판했다. 조야한 공산주의는 사유재산 폐지만을 강조하고 "모든 영역에서 인간의 개성을 부정한다."[6] 마르크스는 진정한 공산주의 사회에서는 "인간은 자신의 본성을 회복해 온전한 사회적(즉, 인간적) 존재가 된다. … 개인과 인간 종種 사이의 … 갈등은 완전히 해소된다"고 주장했다.[7]

그러나 이런 "자유의 왕국"에 도달하려면 변화의 주체, 즉 자본주의를 전복하고 새로운 사회를 건설할 수 있는 사회 세력이 있어야 한다. 마르크스는 노동계급, 즉 프롤레타리아가 그 주체라고 봤는데, 그는 《공산당 선언》에서 프롤레타리아를 생산수단을 소유하지 못해서 먹고살려면 자신의 노동력을 팔아야 하는 "현대의 임금노동자 계급"으로 정의했다. 노동계급의 혁명적 구실, 즉 노동계급은 자기를 해방하고 그 과정에서 인류를 해방할 능력이 있다는 사실을 발견한 것이 마르크스주의의 핵심 사상이고, 이 책의 일관된 주제다. 여기서는 개인의 자유와 노동계급 투쟁의 관계에 대해 두 가지를 언급하고 싶다.

첫째는 간단하다. 집단적 투쟁은 모두 개인의 자유에 일정한 제약을 가한다는 것이다. 앞서 설명했지만 노동계급의 가장 기본적 투쟁 형태인 파업에서도 자기 마음대로 출근해 일하려는 개인은 파업 파괴자다. 둘째는 중간계급과 노동계급이 경험하는 개인의 자유는 크게 다르다는 것이다. 중간계급은 개인의 자유와 발전을 보장하거나 촉진하려면 집단을 거슬러야 한다. 그러나 노동자의 개성과 자유를 가로막는 주된 요인은 경제적 제약이고 이것은 오로지 집단적으로 해결해야만 하는 문제다. 따라서 대다수 노동자에게 개인의 발전은 계급 전체의 발전에 달려 있다. 예를 들어, 노동자 개인이 건강하게 오래 살 수 있는 능력은 집단적으로 무상의료를 성취하는 것에 달려 있고, 노동자가 교육받을 기회는 무상교육 시행에 달려 있다. 사실, 많은 노동자는 집단적 투쟁 속에서 그리고 집단적 투쟁을 거치며 개성을 자각하고 발전시킨다. 혁명이 일어나면 동시에 수많은 대중이 그렇게 개성을 자각할 것이고, 노동자가 권력을 잡은 사회에서는 개인의 자유가 (아직 완전한 자유까지는 아니더라도) 자본주의 사회에서 상상할 수 없을 만큼 크게 향상될 것이다.

아나코신디컬리즘과 공산주의적 아나키즘 같은 아나키즘 경향들은 마르크스주의처럼 노동계급의 핵심적 구실을 인정한다. 그러나 그들은 마르크스와 엥겔스처럼 노동계급 투쟁과 개인의 자유를 연관시켜 생각하지 않고 자유가 중요하다는 추상적 선언에 그치고 만다. 그 밖의 아나키즘 경향들은 노동계급 개념을 아예 부정하고, 그래서 실제로 현실을 변화시킬 수 있는 사회 세력과 스스로 단절하거나 아니면 '다중', '프레카리아트' 같은 개념으로 노동계급을 대체하려 한다. 후자는 4장의 자율주의에 관한 절에서 더 자세히 다루겠다.

3장_ 역사 속의 아나키즘

인류는 항상 자유롭고 평등한 사회를 꿈꿔 왔으므로 아나키즘 사상의 요소들은 아주 오래전으로 거슬러 올라갈 수 있지만, 아나키즘이 분명한 이데올로기와 운동으로 등장한 것은 마르크스주의와 마찬가지로 19세기 중반부터다.

지난 160여 년 동안 아나키즘이 상당히 많은 영웅적 인물을 배출했다는 것은 분명한 사실이다. 유명했든 안 유명했든 이들은 혁명의 대의를 위해 목숨을 바쳤다. 그러나 앞서 살펴본 아나키즘의 약점은 이들의 실천에서도 흔히 나타났다.

이 짧은 책에서 아나키즘의 역사 전체를 되돌아보고 평가하는 것은 불가능하다. 그래서 아나키즘 역사의 세 가지 에피소드, 즉 1870년대 바쿠닌의 활동, 러시아 혁명 속의 아나키즘(아나키스트들의 볼셰비키 비판에 대한 반박을 포함해), 스페인 내전에서 아나키즘이 한 구실을 살펴보며, 앞 장에서 개진한 주장을 예증하고 뒷받침하겠다. 이것은 아나키스트들의 추문, 배신, 어리석은 짓을 들춰내려는 것이 아니다.(그런 식의 비판은 무의미한 짓이다. 왜냐하면 그런 사례들은 마르크스주의 역사에서도 쉽게 찾을 수 있기 때문이다.) 그보다는 혁명운동사에서 아나키스트들의 실천이 절정에 달했던 주요 순간을 되돌아보며, 아나키즘 전통이 취약했던 시기가 아니라 가장 강력했던 시기에조차 어떤 문제가 있었는지를 살펴보려는 것이다.

바쿠닌

미하일 바쿠닌(1814~76)은 아나키즘 역사에서 가장 잘 알려진 인물일 듯하다. 확실히 바쿠닌의 외모와 라이프스타일, 행동에 대한 열정을 보면 그는 전형적인 낭만적 아나키스트 영웅이라 할 만하다. 바쿠닌은 실패로 끝난 여러 봉기에 직접 참여했고, 러시아 상트페테르부르크의 악명 높은 페트로파블로프스크 요새 감옥에서 5년 동안 독방에 갇히는 등 여러 차례 투옥되기도 했다. 무엇보다 바쿠닌은 다른 여느 사회주의 운동과 구분되는 조직적 경향의 아나키즘을 만든 창시자였다.

바쿠닌은 또, 아나키즘 이데올로기에 내재한 모순을 온몸으로 강렬하게 보여 줬다.

바쿠닌은 마르크스주의를 '국가주의', '권위주의'라고 비난하며 온갖 왜곡을 일삼았고 자신이야말로 모든 권력, 권위, 지도, 예속에 반대하는 급진파라고 주장했다. 바쿠닌이 주도한 '국제형제단'은 강령에서 다음과 같이 선언했다.

'노동자에게 평화를, 모든 피억압자에게 자유를, 온갖 종류의 지배자와 착취자와 그들의 수호자들에게는 죽음을!'이라고 부르짖는 우리는 모든 국가와 교회뿐 아니라 저들의 종교·정치·사법·재정·경찰·교육·경제·사회 제도와 법률도 모두 파괴하고자 한다. 그래서 거짓·속박·고통·착취 속에 살아가는 이 수많은 불쌍한 사람들이 공식·비공식 지도자와 후원자(개인이든 단체든)에게서 해방돼 마침내 완전한 자유를 누릴 수 있게 할 것이다.[8]

1871년 바쿠닌은 다음과 같이 선언했다. "한마디로 우리는 모든 법률과 권위, 우리를 억누르는 특권적·공식적·합법적 권력을 모두 거부한다. 심지어 보통선거로 선출된 권력이라도 말이다." 1872년에도 "우리는 아무리 혁명적 전환을 위한 것이라 해도 국민공회, 제헌의회, 임시정부 따위의 이른바 혁명적 독재를 모두 거부한다"고 썼다.

그러나 정작 바쿠닌의 정치적 실천은 그 자신의 말과 사뭇 달랐다. 바쿠닌은 규모가 작고 비밀스러운 위계적 음모 조직에 몰두했는데, 그 조직의 원칙은 바쿠닌에게 절대 복종해야 한다는 것이었다. 러시아의 악명 높은 음모가 네차예프에게 보낸 편지에서 바쿠닌은 자신의 방식을 다음과 같이 설명했다.

우리와 비슷한 목적을 추구하는 단체는 우리 단체로 통합하거나 아니면 그들도 모르게 우리 하부 단체로 만들어 버려야 합니다. 그리고 해로운 사람들은 제거해야 합니다. 우리에게 불리하거나 명백하게 해로운 단체는 해체해 버려야 하고, 최종적으로 정부를 파괴해야 합니다. 이 모든 것은 그저 진실을 선전한다고 이뤄지지 않습니다. 교활함, 외교적 책략, 속임수가 필요합니다.⁹

바쿠닌은 이런 전술을 써서 국제노동자협회, 즉 제1인터내셔널을 지배하려 했다. 1869년 바쿠닌과 그의 지지자들은 제1인터내셔널에 가입하면서 자신들의 조직인 사회민주주의동맹을 해산했다고 선언했지만 실제로는 몰래 조직을 유지했다. 1872년 바쿠닌은 이탈리아 지지자에게 보낸 편지에 다음과 같이 썼다.

당신도 조만간 [인터내셔널 각국 지부 — 몰리뉴] 내에 가장 확실하고 헌신적이고 지적으로 뛰어나고 혈기왕성한 사람들로 구성된 중핵, 한마디로 가장 은밀한 중핵이 있어야 한다는 것을 깨닫게 될 것입니다. 이 중핵은 내부 결속이 강할 뿐 아니라 이탈리아의 다른 지역이나 해외에 있는 (또는 장차 생길) 유사한 중핵과도 긴밀한 연계를 맺고 이중의 임무를 수행해야 합니다. 첫째, 다른 곳에서 하듯이 국제노동자협회라는 저 거대한 기구에도 생기를 불어넣어야 합니다. 둘째, 공개적으로 다룰 수 없는 문제도 제기해야 합니다. … 당신과 당신 동료들처럼 명석한 사람은 제 뜻을 충분히 이해할 것입니다. … 당연히 이 비밀 동맹은 소수 정예로 활동해야 합니다.

원칙과 실제 행동 사이의 이런 모순을 바쿠닌의 개인적 지배욕 때문으로만 봐서는 안 된다. 사실 바쿠닌은 지도를 거부하는 아나키즘 자체에 내재한 모순을 생생히 보여 준다. 다시 말해 민주적으로 선출되고 소환할 수 있는 지도부 대신에 비민주적이고 선출되지 않고 따라서 소환할 수 없는 지도부가 들어서는 모순 말이다.

비밀스러운 음모는 아나키즘의 원칙에도 어긋날 뿐 아니라 노동계급 혁명을 지도하는 데 재앙적 방식이기도 하다. 특별히 선발된 소수 집단이 노동계급의 정서를 판단하거나 지도할 수는 없다. 그러므로 음모는 곧바로 쿠데타, 즉 극소수가 대다수 노동자의 행동이나 의도와 무관하게 봉기를 일으키는 것으로 이어진다. 바쿠닌은 이런 모험에 여러 차례 가담했는데 모두 무기력하게 패배했다. 예컨대, 1870년 9월 리옹의 민중 소요 와중에 바쿠닌과 그의 지지자들은 시청을 점거한 채 스스로 프랑스구조위원회라고 선언하고 국가가 폐지됐다고 발표했다.

불행히도 프랑스 국가는 이를 인정하지 않고 재빨리 국민방위군 두 개 중대를 보내 바쿠닌의 쿠데타를 진압했다. 바쿠닌은 도망자 신세가 됐고 제노바로 도피하는 바람에 진정한 노동자 혁명, 즉 이듬해 일어난 파리코뮌에 참여할 기회를 놓쳤다.

흥미롭게도 바쿠닌은 자신의 비밀 권력 개념을 혁명운동에 필요한 조직뿐 아니라 혁명 후의 사회조직에도 적용했다. 바쿠닌은 친구이자 지지자인 알베르 리샤르에게 보낸 편지에서, 아나키즘 사회가 확립되면 자신과 지지자들이 '비밀 독재'를 수립할 것이라고 설명했다.

> 우리는 프롤레타리아의 폭풍 한가운데서 보이지 않는 선장이 돼 혁명을 이끌어야 합니다. 그러나 공개적 권력을 통해서가 아니라 사회민주주의동맹의 집단적 독재로서 그래야 합니다. 우리는 국회의원 배지 따위도 달지 않고 공식 지함이나 권한도 없이 독재를 실행할 것입니다. 그 독재는 드러나지 않을수록 더 강력한 권력이 될 것입니다. 이것이 제가 인정하는 유일한 독재입니다.[10]

다행히도 바쿠닌의 보이지 않는 권력 전망은 한낱 환상에 불과하다고 묵살됐다. 보이지 않는 권력이 실현됐다면 그것은 인간이 상상할 수 있는 가장 비민주적 지배 형태가 됐을 것이다.

후대의 아나키스트 가운데 일부는 바쿠닌과 거리를 두고 싶겠지만 바쿠닌주의의 근본적 약점은 20세기의 아나키즘에서, 심지어 아나키즘이 '절정'에 달한 순간에조차 다시 나타났다. 이 점은 뒤에서 살펴볼 것이다.

러시아

러시아의 아나키즘 전통은 마르크스주의보다 오래됐지만 1917년 러시아 혁명에서 아나키즘이 한 구실은 정말 놀라울 만큼 보잘것없었다.

러시아 혁명은 역사상 가장 위대하고 강렬한 혁명이었다. 1917년 러시아 노동자와 병사의 정치의식과 투쟁은 역사상 최고 수준에 도달했지만 아나키즘은 이 중대한 운동에서 거의 기반을 마련하지 못했다.

그래서 1917년 7월 러시아로 돌아온 볼린(당시 가장 중요한 러시아 아나키스트 지식인이었다)은 혁명의 본거지였던 페트로그라드(상트페테르부르크의 바뀐 이름)에서 아나키스트 신문, 포스터, 연설가를 전혀 볼 수 없었다고 회상했다. 소비에트에는 이렇다 할 아나키스트 대표자가 없었고, 기층의 공장위원회에서도 아나키스트 결의안은 볼셰비키 결의안에 압도적 표차로 번번이 패배했다.

이렇게 아나키즘이 패배한 데는 두 가지 주된 이유가 있었다. 첫째는 볼셰비키가 한 구실이다. 아나키즘은 보통 노동운동 지도부가 배신 행위를 일삼아 환멸이 커질 때 노동계급 일부에서 지지를 얻는데, 1917년에는 볼셰비키가 혁명적 지도를 확실하게 제공해서 거의 모든 노동계급 투사가 볼셰비키를 지지했다.

둘째는 1917년 2월부터 10월까지가 이중권력 시기, 즉 경쟁하는 두 국가가 권력투쟁을 벌인 시기였다는 것이다. 한편에는 낡은 차르 국가의 잔재, 즉 차르 군대와 관료 기구를 새 임시정부가 이끌고 있었고, 다른 한편에는 노동자와 병사가 스스로 만든 소비에트의 힘과 권위가 날마다 커지고 있었다. 어느 계급을 대표하는 어느 국가가 승리할 것인지가 결정적 문제(궁극적으로 유일한 문제)였다. 낡은 차르·자본주의 국가가 소비에트와 노동계급을 분쇄할 것인가 아니면 노동계급이 낡은 국가를 전복하고 모든 권력을 소비에트로 이양시킬 것인가? 케렌스키 임시정부와 멘셰비키 등 이 문제에서 갈팡질팡했던 정치 세력은 모두 갈수록 영향력을 잃었다. 아나키즘처럼 모든 국가를 원칙적으로 반대하는 경향은 고립되고 하찮은 존재처럼 느껴질 수밖에 없었다. 이런 고립에서 살아남은 아나키스트의 다수는 자신의 신념을 거슬러 소비에트 권력을 미온적으로 지지하거나 아나키즘과 결별하고 볼셰비키에 가입했다. 그러지 않은 베테랑 아나키스트 크로포트킨(제1차세계대전에서 러시아·영국·프랑스 제국주의를 지지했기 때문에 이미 신뢰를 잃었다) 같은 사람들은 점점 더 증오의 대상이 된 임시정부와 한통속으로 여겨졌다.

10월 혁명이 지나고 나서야, 즉 내전이 벌어진 후에야 아나키즘은 의미 있는 독립적 구실을 할 수 있었다. 내전으로 혁명은 심각한 어려움에 처했고 민중은 엄청난 고통을 겪었다. 혁명은 포위됐다. 차르 군대의 가장 반동적 장군들이 이끌고 전 세계 자본주의 세력에게서 돈과 무기와 군대를 지원받은 백군이 하마터면 페트로그라드를 함락시키고 신생 노동자 국가를 절멸시킬 뻔했다. 제1차세계대전으로 말미암은 막대한 피해, 1917년 경제 위기, 혁명 과정에서 비롯한 불가피한 혼란, 브레스트리토프스크 조약으로 러시아가 입은 엄청난 손실 등에 더해서 내전은 끔찍한 인명 피해를 낳았을 뿐 아니라 소비에트 경제도 완전히 파탄냈다. 산업은 마비됐고 운송 체계도 붕괴했다. 도시에서는 난방용 연료가 바닥났고 노동자들은 식량을 찾아 농촌으로 돌아갈 수밖에 없었고 콜레라와 발진티푸스 같은 전염병이 창궐했다.

무엇보다도 볼셰비키가 이런 역경 속에서 몰락하지 않고 끝끝내 승리했다는 사실은 볼셰비키가 러시아 노동계급 속에 깊이 뿌리내리고 지지를 받았다는 증거다. 그러나 이런 어려운 상황에서 혹독한 궁핍 때문에 환멸을 느낀 일부 노동계급과 많은 농민이 아나키즘에 귀를 기울였다.

농민의 불만이 특히 컸다. 1917년 농민은 오랫동안 자신을 억압한 지주의 땅을 빼앗았는데, 볼셰비키는 이를 승인해서 농촌의 농민 반란과 도시의 노동자 혁명을 연결했다. 그러나 내전이 벌어지자 노동자 국가는 무력을 동원해서라도 농민의 곡물을 징발할 수밖에 없었다. 곡물 강제 징발은 불가피한 선택이었다. 그러지 않았다면 도시에서 대규모 기아 사태가 속출하고 혁명은 완전히 패배했을 것이기 때문이다. 그러나 강제 징발 때문에 볼셰비키는 농민의 지지를 잃을 수밖에 없었다. 내전이 한창일 때 농민은 당장의 위협, 즉 지주계급이 복귀할 수 있다는 두려움 때문에 소비에트 국가에 충성했지만 내전이 끝날 때쯤 되자 농민의 분노가 끓어넘쳤다. 이런 상황에서 아나키즘과 관련 있고 아나키스트 전통에서 내세우는 역사적 사건 두 가지가 벌어졌다. 마흐노 운동과 크론시타트 반란이다.

네스토르 마흐노는 젊은 우크라이나 아나키스트로 농민 군대를 조직해 처음에는 백군에 맞서, 나중에는 적군에 맞서 대담하게 싸웠다. 적군에 맞서 싸운 초기에는 성공을 거두기도 했지만 내전 말기에 결국 적군에 진압당했다.

크론시타트는 페트로그라드로 통하는 해로를 모두 통제하는 해군기지였고[페트로그라드에서 서쪽으로 30킬로미터쯤 떨어진 코틀린 섬에 있었다! 크론시타트 수병들은 1917년 혁명에서 지도적 구실을 했다. 1921년 3월 크론시타트 수병들은 곡물 강제 징발 중단과 '공산당 없는 소비에트'를 요구하며 볼셰비키 정권에 반대하는 무장 반란을 일으켰다. 볼셰비키는 이제 막 끝난 내전이 크론시타트 반란 때문에 다시 시작될까 봐 두려워서 가차 없이 대응했다. 적군은 꽁꽁 얼어붙은 바다를 걸어서 건너가 유혈 낭자한 전투를 치르고 크론시타트를 점령했다.

아나키즘은 볼셰비키 전체주의가 대중의 진정한 해방 혁명을 짓밟은 증거라며 마흐노 운동과 크론시타트 반란을 신화로 만들었다. 그러나 현실은 사뭇 달랐다.

마흐노는 아나키즘의 원대한 선언을 좋아했을지 모르지만 실제로는 독재적 농민운동 지도자이자 군 사령관으로서 제멋대로 정적(특히 공산주의자)을 처형하고 술에 취해 흥청망청하기 일쑤였다. 마흐노와 마흐노 운동의 진면목을 가장 잘 보여 주는 자료는 [아나키즘을] 강력하게 지지하는 역사가 조지 우드콕의 고전적 저작 《아나키즘: 자유인의 사상과 운동의 역사》인 듯하다.

마흐노는 뼛속까지 시골내기이자 지방분권주의자였다. 마흐노는 도시와 도시 문명을 증오했고, '자연의 소박함'을 예찬했고, 태곳적 농촌의 전설처럼 "농민이 흥겹게 노래 부르며 일하던" 시대로 돌아가고자 했다. 그래서 마흐노주의자들이 나중에 꽤 큰 도시를 여럿

점령했을 때 공업을 조직하려 하지 않았고 도시 노동자 가운데 소수만이 그들을 지지했던 것이다.

간과하지 말아야 할 또 다른 요인이 있는데 바로 [마흐노가 이끈] 혁명적 반란군이다. 이론적으로는 '농민·노동자·반란군 의회'가 그 군대를 통제했지만 실제로는 마흐노와 마흐노 휘하 지휘관들이 지배했다. 또 군대가 모두 그렇듯 자유 의지는 이름뿐이었다. 그 군대에는 나름의 징집 방법과, 마흐노가 주인이라는 것을 각인시키는 급조한 규율도 있었고 즉흥적이고 폭력적인 처벌도 흔했다. ⋯ 마흐노는 소설 《카라마조프가의 형제들》에 나오는 인물만큼이나 주색에 빠져 지냈고, 마흐노 추종자인 볼린조차 이를 인정했다.[11]

아나키스트 볼린은 다음과 같이 불평했다.

술 때문에 마흐노는 ⋯ 자신을 통제하지 못했다. 마흐노의 혁명적 의무감은 느닷없이 변덕으로 바뀌었고 폭력을 휘두르는 경우도 잦았다. 마흐노는 전사의 우두머리처럼 횡포를 부리고, 터무니없는 장난을 치고, 괴팍하고 익살맞은 짓을 했다. ⋯ 이 때문에 마흐노 운동은 마흐노를 중심으로 한 군벌이나 음모 집단이 돼 버렸다.[12]

마흐노와 마찬가지로 크론시타트 반란도 '3차 혁명' 같은 자유지상주의적 슬로건을 내세워 아나키스트의 지지를 받았지만, 이 반란의 뿌리도 전시공산주의 시기의 곡물 강제 징발에 대한 농민의 반발이었다. 1921년의 크론시타트 수비대는 1917년의 [혁명적] 수비대가 아니었다. 1917년 혁명의 주역들은 [내전으로] 죽거나 떠났고 그 공백을 시골 출신의 신병이 메우면서 수비대의 계급 구성이 크게 달라졌다. 예를 들어, 제160소총연대의 우크라이나 출신 병사 2500명처럼 신병의 다수는 마흐노에게 특히 우호적인 지역 출신들이었다. 그러나 농민은 러시아 혁명을 이끌 수 있는 사회 세력이 아니었다. 소규모 농지나마 사유재산을 갖고 있고, 생산방식은 개인주의적이고, 도시의 결정적 생산력과 지리적·경제적 고립된 데다, 생활의 물질적 조건 때문에 농민운동은 볼셰비키 권력을 대체할 (국제적 대안은커녕) 일국적 대안도 될 수 없었다.

농촌은 현대 사회를 지배하거나 조직할 수 없다. 농민은 도시의 양대 계급, 즉 부르주아지와 프롤레타리아 가운데 하나를 따라야 한다.

이 일반적 진실은 러시아 상황에서 특정 세력에게 적용됐다. 차르 체제와 지주계급에 맞서 싸우며 도시의 노동자 운동과 손잡은 농민운동은 대단한 진보였다. 그러나 도시의 노동자 권력이나 볼셰비키로 대표되는 노동자 권력의 잔재에 맞서 싸우는 농민운동은 반동적일 수밖에 없었다. 농민의 깃발이 붉은색이든 녹색이든 아나키스트를 상징하는 검은색이든 '공산당 독재'를 분쇄하려는 농민 반란은 자본주의나 차르 체제가 부활하는 문을 열어 주기만 했을 것이다.

페트로그라드로 통하는 전략적 요충지인 크론시타트에서 일어난 반란이 승리하거나 일정 기간 지속됐다면, 불과 얼마 전에 패배한 백군이 내전을 재개할 절호의 기회를 잡았을 것이다. 백군도 이 사실을 잘 알고 있었기 때문에 크론시타트에 식량을 지원하려고 최선을 다했고 반란이 성공하도록 군대를 보낼 계획을 세웠다.

러시아와 외국의 아나키스트들이 한목소리로 크론시타트 반란을 지지한 것은 자신들이 지지하는 계급의 이해관계를 혼동하고, 계급의 관점에서 상황을 분석하지 못하고, 국가도 없고 지도자도 없는 혁명이라는 공상적 이론에 사로잡혀 현실을 보지 못하는 아나키스트의 약점을 보여 줄 뿐이다.

따라서 역사상 가장 위대한 혁명에서 아나키즘이 한 구실을 냉철하게 평가하면, 아나키즘은 혁명이 전진할 때는 부적절했고 혁명이 후퇴할 때는 의도치 않게 반혁명에 실질적 도움을 줬다고 하겠다.

아나키스트의 볼셰비키 비판에 대해

이 책은 마르크스주의자가 아나키즘을 비판하는 책이지 마르크스주의 일반을 옹호하는 책이 아니다. 그렇지만 아나키즘

이데올로기의 중요한 요소 하나는 항상 마르크스주의를 권위주의라고 비판하는 것이었는데 이 주장의 핵심에는 레닌주의와 볼셰비즘 비판, 특히 혁명 직후 레닌과 볼셰비키의 행동에 대한 비판이 깔려 있다. 스탈린주의를 반대하는 혁명적 사회주의자와 마르크스주의자(주로 트로츠키주의자)는 당시 볼셰비키의 행동을 대체로 방어하기 때문에 볼셰비즘에 대한 태도는 마르크스주의와 아나키즘의 논쟁에서 중요한 문제였다. 지면 제약 때문에 여기서 이 문제를 자세히 다룰 수 없지만(내 생각에 이 시기를 설명하고 분석한 가장 탁월한 책은 토니 클리프가 쓴 《레닌 평전》 3권과 4권이다) 주요 쟁점에 대한 견해는 밝힐 필요가 있겠다.

아나키즘의 핵심 주장은 다음과 같다.

첫째, 1917년 10월 혁명은 진정한 노동자 혁명이 아니라 볼셰비키가 일으킨 쿠데타다.

둘째, 볼셰비키는 프롤레타리아가 주도하는 독재, 즉 노동자 권력을 수립한 것이 아니라 프롤레타리아를 지배하는 볼셰비키의 독재를 수립했다. 볼셰비키는 체계적으로 권력을 독점했고 공장에서 노동자 통제를 철폐했고 (마흐노와 크론시타트 등) 반대파를 모조리 탄압했고 마침내 일당 국가를 세웠다.

셋째, 이렇게 해서 레닌(과 트로츠키)는 극악무도한 스탈린 정권이 등장할 수 있는 토대를 놓았다. 레닌주의는 스탈린주의를 낳았고 앞으로도 그럴 것이다.

먼저 짚고 넘어갈 것은 러시아 혁명에 대한 이런 관점은 로버트 서비스 같은 우파 학자들의 설명이나 유력한 부르주아적 견해와 거의 똑같다는 점이다. 물론 우파와 생각이 같다는 것 자체가 반박의 근거는 될 수 없다(영국 총리 데이비드 캐머런이나 나나 2 더하기 2는 4라고 생각한다). 그러나 우파의 단골 비방거리인 러시아 혁명 같은 정치 쟁점에서 우파와 생각이 같다는 것은 차원이 다른 문제이므로 아나키스트라면 곰곰이 따져 봐야 한다.

1917년 10월 혁명이 쿠데타였을 뿐이라는 주장은 페트로그라드에서 겨우 적위대 몇천 명이 단 하룻밤 사이에 권력을 장악했다는 사실 때문에 더 그럴듯하게 들린다. 그러나 10월 혁명이 쿠데타라는 주장은, 수많은 노동자가 적위대의 행동을 열렬히 지지했다는 사실과 당시 볼셰비키가 소비에트와 공장위원회에서 다수파였다는 사실을 무시하는 것이고 따라서 핵심을 완전히 놓치는 것이다. 즉, 겨우 적위대 몇천 명이 동궁을 점령하고 장관들을 체포하면서도 국가의 무력 탄압을 받지 않을 수 있었던 이유는 수많은 병사·수병·노동자가 이미 혁명 진영으로 넘어와서 케렌스키 정부를 방어할 세력이 없었기 때문이다. 적위대가 대중의 지지를 받았다는 사실이 의심스러우면, 당원이 겨우 수천 명인 혁명적 정당(예를 들어 영국 사회주의노동자당)이 당장 내일 의회나 버킹엄궁전을 점령하려 하면 어떤 일이 벌어질지 상상해 보라.

볼셰비키가 권력을 장악하고 나서 취한 조처를 비판하는 주장은 일면적이긴 하지만 볼셰비키가 예컨대 야당 금지 같은 억압 정책을 실시했다는 점에서 일말의 진실을 담고 있다. 그러나 아나키스트의 비판은 구체적 상황을 고려하지 않은 것이다. 구체적 상황에 따라 똑같은 행동이 전혀 다르게 해석될 수 있다. 예를 들어, '민중의 벗'을 자처한 유명한 혁명가가 코앞에 있는 여성의 가슴에 총을 쏴 죽이면 누구나 끔찍하다고 생각할 것이다. 그런데 그 혁명가가 프랑스 혁명의 지도자 마라고, 총을 맞은 여성이 마라의 심장에 칼을 꽂으려고 달려든 반혁명파 샤를로트 코르데라면 이야기가 완전히 달라진다(불행히도 마라는 총이 없어서 코르데에게 살해당했다).

볼셰비키의 권위주의는 정치적 원칙이나 내재적 성향 때문이 아니라 볼셰비키가 처한 상황, 즉 자신의 목숨과 혁명의 운명을 걸고 필사적으로 싸우는 내전 상황에서 비롯했다. 또, 내전이 혁명 러시아에 어떤 영향을 미쳤는지도 이해해야 한다. 내전으로 생산이 마비되면서 러시아 경제는 완전히 붕괴했고 이 때문에 혁명의 사회적 기반인 혁명적 산업 노동계급도 해체됐다. 그래서 볼셰비키는 말하자면 공중에 붕 떠서 독재를 할 수밖에 없었던 것이다.

[어떤 상황에서도 독재를 하지 말았어야 한다는] 아나키스트의 주장은 그 주장이 현실에서 어떤 결과를 낳을지 고려하지 않는 것이기도 하다. 1920~21년 러시아 상황에서 구체적 가능성은 어떤 것이었을까? 너무나 현실적인 가능성 한 가지는 백군이 이끄는 반혁명의 승리였다. 백군이 승리했다면 노동자·농민·혁명가들은 가장 끔찍한 학살을 당했을 것이고 러시아판 파시즘이 등장했을 것이다. 다른 구체적 가능성은 볼셰비키 독재였다. 활기차고 정상적인 사회민주주의가 가능했을까? 가능하지 않았고, '정상적' 부르주아 민주주의도 불가능하기는 마찬가지였다. 현실의 첨예한 모순과 절망적 가난과 기근 때문에 정상적 사회민주주의나 부르주아 민주주의는 모두 불가능했다. 아나키즘 혁명으로 재빨리 아나키즘 사회를 건설할 수 있지 않았을까? 절대 불가능했다! 자유지상주의자인 빅토르 세르주를 비롯한 많은 혁명가들이 볼셰비키 독재를 (그 결점까지도) 받아들인 것은 당시 어려운 상황을 고려하면 그리 놀라운 일도 아니다.

물론 볼셰비키 독재가 1928년 이후 스탈린 독재로 이어져 "노동자·농민·혁명가들을 가장 끔찍하게 학살"했다고 주장할 수도 있겠지만, 여기서는 시간 차이가 중요하다. 러시아 혁명이 난국을 돌파할 유일한 방법은 혁명의 국제적 확산이었다. 레닌과 트로츠키의 전략은 국제 혁명이 승리하기를 바라며 권력을 유지하는 것이었다. 그러나 세계혁명이 패배하자, 무엇보다 1923년 독일 혁명이 패배하자 스탈린의 반혁명이 본격화하기 시작했다. 그러나 이것은 레닌의 전략이 틀렸다는 증거가 되지 못한다. 특히 이탈리아와 독일 등지에서 혁명이 패배한 주요 원인이 볼셰비키 같은 혁명적 정당의 부재 때문이라는 점을 생각하면 더 그렇다.

1917~23년의 레닌주의와 볼셰비즘을 1930년대 스탈린의 국가자본주의 체제와 동일시하는 것은 포위당해 일그러진 혁명과 반혁명을 혼동하는 것이다. (레닌주의 정당이 지도하고자 하는) 오늘날의 노동자 혁명은 경제 발전, 노동계급의 규모, 혁명의 국제적 확산 가능성이라는 측면에서 훨씬 더 유리할 것이다. 그래서 1917년 레닌이 예상한 진로, 즉 여러 정당이 참여하고 건전한 비판이 오가는 민주적 소비에트에서 레닌주의 정당이 지도적 구실을 하는 노선을 따라 발전하는 것이 충분히 가능할 것이고, 실제로 노동계급은 이것을 실현할 능력이 있다.

스페인

러시아 혁명이 20세기의 가장 중요한 혁명이었다면 1936~37년 스페인 혁명은 러시아 혁명에 버금가는 혁명이었다. 게다가 스페인 혁명은 역사적으로 아나키즘이 이미 대중의 지지를 확보한 상태에서 혁명적 봉기에 참여한 유일한 사건이기도 했다. 1936년에 아나키스트가 주도한 전국노동자연맹CNT은 조합원이 100만 명에 달했고 노동계급 내 가장 강력한 경향이었다. 따라서 스페인 혁명은 아나키즘을 평가하는 적절한 시험대라 할 수 있다. 아나키즘은 이 시험을 통과하지 못했는데, 그 이유는 아나키즘을 지지하며 투쟁한 노동자들의 용기와 헌신성이 부족했기 때문이 아니라 혁명 전략으로서 아나키즘에 내재한 결함 때문이었다.

스페인 혁명은 1936년 7월에 파시스트 장군 프랑코가 새로 선출된 인민전선 정부(공산당, 사회당, 부르주아 공화파의 연합)에 맞서 일으킨 군사 쿠데타에 대한 대응으로 시작됐다.

인민전선 정부는 마비됐지만 스페인 노동자들(주로 아나키즘을 지지한)은 파시스트를 저지하려고 용감하게 저항에 나섰다. 마드리드와 바르셀로나에서는 무장한 노동자들이 군대 막사를 에워싸고 병사들에게 장교에 맞서 봉기하라고 호소했다. 하루 동안의 전투 끝에 바르셀로나 군대는 무너졌고 이튿날에는 마드리드 군대가 무너졌다. 그리고 며칠 만에 노동자들은 도시를 완전히 통제했다. 곳곳에서 노동자위원회가 생겨나 운송·식량공급·의료를 책임졌고 시민군을 조직했다. 노동자위원회는 무장한 노동자들을 농촌으로 파견해 식량을 확보했고 농업 노동자 운동을 지원했다. 노동자들이 사회를 집단적으로 조직하고 운영하면서, 오랜 착취와 억압이 사라졌다. 예를 들어, 바르셀로나에서 여성의 지위는 세계 어디서도 볼 수 없을 만큼 향상됐다. 피임 교육이 실시됐고, 낙태가 합법화됐고, 강압 없는 결혼과 이혼의 자유가 제도화했다.

당시 스페인에 있던 작가 조지 오웰은 다음과 같이 기록했다.

무엇보다도 노동자들은 혁명과 미래를 확신했고, 평등과 자유의 시대가 갑자기 도래했다고 느꼈다. 사람들은 자본주의라는 기계의 부속품이 아니라 인간답게 행동하려고 노력했다.[13]

노동자 혁명이 성공할 가능성은 매우 컸지만 파시스트의 위협은 아직 가시지 않았다. 프랑코는 스페인 남서부 지역을 장악했고 또 다른 파시스트 장군 몰라는 북쪽에서 진군해 왔다. 적어도 명목상으로는 마드리드와 (혁명의 심장부라 할 수 있는) 카탈루냐의 집권 세력이었던 공화파 정부도 혁명을 위협하고 있었다.

그런 상황에서 아나키스트 지도자들은 무엇을 했을까? (아나키즘은 지도를 거부하지만 현실에서는 아나키스트 지도자들이 존재한다.) 아나키스트 지도자들은 정부에 참여했는데, 1936년 9월에는 카탈루냐에서 그랬고 12월에는 마드리드에서 그랬다. 정부 참여는 아나키즘 원칙을 거스르는 것이기도 했지만 노동계급과 혁명을 배신했다는 점에서 더 비극이었다. 아나키스트 지도자들이 참여한 인민전선 정부는 사유재산과 자본주의 사회질서를 보존하고 공화파 자본주의 국가의 권위를 되찾고자 했다. 인민전선 정부는, 프랑코를 저지하려면 모든 민주 세력이 계급을 뛰어넘어 광범하게 단결해야 하고 노동계급의 근본적 사회 변화 요구들은 파시스트를 물리칠 때까지 보류돼야 한다고 주장했다. 인민전선 정부에서 부르주아지를 대표한 자들은 이 주장이 다음과 같은 사실, 즉 따지고 보면 부르주아지에게는 노동계급의 승리보다 파시즘의 승리가 차악이므로 부르주아지의 재산권이 보장돼야만 자신들이 좌파와 협력할 것이라는 사실의 표현이라고 봤다. 사회당이 볼 때 인민전선 정부의 노선은 자신들이 오랫동안 매달렸던 부르주아지와의 동맹이 드디어 성사된 것이었다. 공산당에게 인민전선 정부의 주장은 바로 모스크바가 지시한 정책, 즉 스탈린이 히틀러에 대항해 동맹을 맺으려고 애쓰는 프랑스와 영국 정부를 놀라게 해서는 안 된다는 정책이었다. 그래서 아나키스트 지도자들도 인민전선 정부에 참여해 책임을 맡겠다고 나선 것이다. 그 정부의 의식적 목표가 스페인 노동계급의 대중 봉기를 탄압하는 것이었는데도 말이다. 그것이 뜻하는 바는 인민전선 정부의 주장과 달리 프랑코에 맞선 투쟁을 강화하기는커녕 오히려 투쟁을 실패로 이끌게 뻔한 전략의 책임도 떠맡게 됐다는 것이다.

파시즘에 맞선 전쟁이 통상적 군사작전으로 수행되면 전쟁광

무솔리니와 히틀러의 지원을 받은 프랑코가 승리할 수밖에 없었다. 반파시즘 세력이 승리할 수 있는 방법은 오로지 전쟁을 혁명으로 전환하는 것뿐이었다. 그래서 대중의 에너지와 주동성이 마음껏 발휘되도록 하고, 파시스트가 장악한 지역의 노동자와 농민에게 혁명 동참을(단지 말로만이 아니라 행동으로도) 호소하고, 스페인의 식민지인 모로코(프랑코가 쿠데타를 처음 일으킨 곳이기도 하다)의 독립을 허용해 프랑코의 기반을 무너뜨려야 했다. 인민전선 정부는 이런 방법을 모두 극력 반대했는데, 스페인 노동운동 내 최대 경향이던 아나키즘의 지도자들은 그런 인민전선 정부를 지지했다.

여기서 핵심 문제는 아나키스트 지도자들이 왜 그렇게 행동했느냐다. 이것은 순전히 개인적 일탈인가 아니면 아나키즘에 내재한 약점 때문인가? 이 물음에 대한 답은 CNT 지도자들이 스스로 내놓았다. 그들은 자신의 행동을 정당화하고자, (파시즘의 위협이라는) 이례적 상황을 거론하며 다음과 같이 설명했다.

> 우리는 협력하느냐 아니면 스스로 독재를 실행하느냐 사이에서 선택해야 했다. … 그러나 우리의 의지를 무력으로 타인에게 강요하는 것은 아나키즘 원칙을 거스르는 것이다. … 우리가 권력을 장악하지 않은 것은 그럴 능력이 없어서가 아니라 그럴 의사가 없었기 때문에, 우리가 모든 형태의 독재에 반대했기 때문이다.

달리 말해 보자. 상황이 필사적이다. 즉, 코앞에 닥친 반혁명에 맞서려면 지도·조정·권력이 필요하다. 그런 권력은 기존의 부르주아 국가거나 아니면 노동자 국가, 즉 프롤레타리아 독재일 수밖에 없다. 그러나 우리 아나키스트들은 프롤레타리아 독재를 거부하므로 부르주아 국가와 협력하는 것 말고는 달리 선택의 여지가 없다.

여기서 작용하는 철의 논리는 1936년 스페인에만 국한되지 않는다. 이 논리는 중대한 혁명적 상황에서는 항상 작용했고 앞으로도 그럴 것이다. 반혁명의 위협은 언제나 닥칠 것이고, 자본가 권력이냐 노동자 권력이냐를 실제로 선택해야 하는 상황도 항상 있을 것이다. 그런 상황에서 프롤레타리아 독재를 거부하는 것은 결정적 순간에 항복하는 것이나 다름없다. 따라서 스페인 사례, 즉 대중운동으로서 아나키즘이 지금껏 최고 수준에 이른 사례는 단순한 우연도 아니고 일탈도 아니다. 스페인의 경험은 아나키즘이 혁명적 행동을 지도하기에는 치명적 결함이 있다는 것을 보여 줌으로써 아나키즘을 뿌리째 흔들었다.

4장_ 오늘날의 아나키즘

과거에도 그랬지만 오늘날에도 아나키즘의 종류가 워낙 많고 다양하다 보니 사람들은 도대체 갈피를 못 잡겠다고 투덜거릴 지경이다(물론 '마르크스주의'도 사정은 마찬가지다). 여기서는 이렇게 다양한 아나키즘을 어설프게 개관하기보다는 라이프스타일 아나키즘과 자율주의라는 두 경향만을 살펴보려 한다. 왜냐하면 이 두 경향이 최근 상당히 중요해졌고 운동 내의 양극단을 대표하기 때문이다. 덧붙여서, '강령 아나키즘'에 대한 내 생각을 밝히고 나서, 오늘날 마르크스주의자들과 아나키스트들이 흔히 이견을 드러내는 주요 전술 문제 몇 가지, 즉 직접행동, 선거 참여, 민주적 의사 결정 문제를 살펴보겠다.

라이프스타일 아나키즘

내가 말하는 라이프스타일 아나키즘은 확실한 형체가 없는 이데올로기다(즉, 분명한 학설이 없다). 그저 막연한 '아나키즘 원칙'에 따라 자본주의 내에서 살아가거나 살려고 노력하는 것을 칭송할 뿐이다. 라이프스타일 아나키스트들은 보통 자발적으로 임금노동을 그만두고 대체로 여럿이 함께 생활하는데(흔히 무단 점유한 시설이나 건물에서), 그런 곳에서는 자본주의 체제의 '정상적' 규칙과 위계질서가 적용되지 않는다. 때때로 이런 생활을 두고 체제 '외부에서' 생활하는 것처럼 이야기하지만, 사실은 자본주의 체제에 더는 '외부'가 남아 있지 않으므로 체제 내부의 '소수자 거주지'나 (존 홀러웨이의 표현을 빌리면) 체제의 '균열' 지점에서 살아가는 것이라고 말하는 게 더 정확할 것이다. 보통 이런 소수자 거주지는 런던의 해크니나 베를린의 크로이츠베르크처럼 도심에서도 집값이 싼 지역에 있다. 그러나 가끔은 농촌 지역에 그런 소규모 공동체가 건설되기도 한다. 라이프스타일 아나키즘은 다양한 문화 활동(예긴대, 식당이나 클럽에서 저녁에 공연하는 쇼, 광대극, 그 밖의 서커스 기술 같은 행위 예술, 현대 시각예술, 음악 등), 식도락, 이국적 종교 생활, 모종의 '뉴에이지 신비주의' 등을 수반한다.

원래 라이프스타일 아나키즘 자체는 공통의 노선·정책·전략·

정치철학이 없지만, 라이프스타일 아나키스트 공동체와 그 구성원들은 때때로 집단행동, 시위, 홍보 활동 등에 참가하고, 그러다가 국가와 충돌하기도 한다.

미국의 베테랑 저술가이자 활동가인 머레이 북친은 아나키즘 중에서도 사회주의와 좀 더 가까운 사회적 아나키즘의 관점에서 라이프스타일 아나키즘을 자세히 비판했다. 북친의 책 《사회적 아나키즘이냐 라이프스타일 아나키즘이냐: 메울 수 없는 틈》*은 주로 비합리적 신념이나 반反과학적 신념을 설파하는 다양한 '전문가'와 이론들을 낱낱이 비판하면서 라이프스타일 아나키즘 자체를 '유쾌하고 안락한' 프티부르주아적 현상이라고 지탄한다. 그러나 이런 주장을 여기서 되풀이할 필요는 없다. 마르크스주의 관점에서 보면 라이프스타일 아나키즘은 아주 간단명료하게 두 가지로 비판할 수 있기 때문이다.

첫째, 라이프스타일 아나키즘에는 세계 변혁의 전략이나 전망이 없다. 사실은 그런 전략을 제시하려는 진지한 노력조차 하지 않는다. 자본의 힘과 자본주의 국가를 회피할 것이 아니라 어떻게 물리칠 것인가 하는 문제에 대답하기는커녕 그런 문제를 제기하지도 않는다. 라이프스타일 아나키스트들은 기껏해야 자신

---

* *Social Anarchism or Lifestyle Anarchism: An Unbridgeable Chasm*(AK Press, 1995).

들의 생활이 아주 매력적이라는 사실이 입증돼서 머지않아 모든 사람이 따라오기를 바라는 듯하다. 모든 아나키스트가 정말로 그렇게 생각하는지는 분명치 않지만, 그것은 처음부터 성공 가능성이 전혀 없는 생각이라는 점만은 짚고 넘어가야겠다. 아나키스트 라이프스타일이나 이데올로기를 채택할 가능성이 전혀 없는 사람들이 상당수 있다. 지배계급, 그리고 지배계급과 유착된 상층 중간계급(고급 관리자, 고위 공무원 등)이 바로 그들인데, 불행하게도 이 사회에서 부와 권력을 통제하는 자들도 바로 그들이다. 마찬가지로, 비록 이유는 다르지만 노동계급의 다수도 아나키스트 라이프스타일이나 이데올로기를 채택할 가능성이 없다. 물론 대다수 노동자들은 임금노동을 좋아하지 않는다. 그것은 소외된 노동이고, 노동자들은 소외된 노동에 분개한다. 비록 대놓고 그런 말을 하지는 않지만 말이다. 그러나 압도다수 사람들에게 실업은 훨씬 더 나쁜 재앙이다. 자신과 가족을 비참한 가난에 빠뜨리고 자신을 쓸모없는 존재처럼 느끼게 만들기 때문이다. 이 점은 자본주의 경제가 잘나갈 때는 항상 실업률이 매우 낮다는 사실에서 잘 드러난다.

더욱이, 이 문제에서는 노동자들의 정치적 능력이라는 관점에서 보든 사회 전체의 관점에서 보든 노동자들의 본능이 옳다는 점을 알아야 한다. 노동계급의 경제적·정치적 힘은 인원수에서만 나오는 것이 아니다. 결정적으로는 생산 현장에서 스스로 조직해서 자본가의 이윤에 타격을 가할 수 있는 능력, 결국은 노동자 평의회를 건설해서 생산 전체를 통제할 수 있는 능력에서 나온다. 따라서 실업은 노동자들의 힘(개인으로든 집단으로든)을 약화시킨다.

아나키스트 라이프스타일은 일반화할 수도 없다. 왜냐하면 수천 갈래로 생산적 임금노동에 의존하기 때문이다. 아무리 아나키스트 공동체라 해도 전화, 핸드폰, 컴퓨터, 자동차, 버스, 기차, 자전거, 가스, 전기, 수도, 금속 식기 도구와 그 밖의 수많은 인공 제품을 사용하는 한 현대 자본주의 생산과정과 분리될 수 없는 것이다. 오늘날 자본주의는 매우 세계화한 체제라서, 접수할 수는 있을지언정 상당수 사람들이 자본주의에서 그냥 빠져나갈 수는 없다.

이것은 라이프스타일 아나키즘에 대한 두번째 주요 비판과 직결된다. 즉, 아나키스트 라이프스타일은 비록 소수가 그것을 선택하는(아마 미래 사회의 모습을 구현하는 것으로서) 경우라도 아주아주 극소수 개인들을 제외하면 그런 라이프스타일을 영구히 지속할 수는 없다는 것이다. 사회주의자를 비롯한 이 사회의 여느 사람들과 마찬가지로 아나키스트들도 자본주의의 산물이고, 자본주의 사회에서 사회화를 경험했으며, 자본주의의 경제적·사회적·이데올로기적 압력에 끊임없이 시달린다. 사람들은 나이가 들수록, 특히 자녀가 있으면(자녀 역시 사회적 압력에 시달린다) 이런 압력이 약해지기는커녕 더 강해지기 마련이다. 불가피하게 이런 압력은 아나키스트 공동체 내의 개인에게 악영향을 미치고 그들의 헌신성을 약화시킬 뿐 아니라 공동체 전체의 원칙들에도 그런 악영향을 미친다. 공동체의 성원들이 소규모 자영업이나 기업 활동에 종사하게 되면 특히 더 그렇다. 따라서 라이프스타일 아나키즘은 자본주의 사회의 주변부에서 살아가는 소수의 삶에서 일시적 에피소드 구실만 하는 것이 일반적 패턴이다.

자율주의

자율주의는 세계 반자본주의 운동에서 영향력 있는 정치 경향이다. 대체로 반자본주의 운동은 1999년 WTO 각료회의에 반대하는 시애틀 시위에서 시작돼 2001년 7월 제노바 시위와 2002년 9월 피렌체 유럽사회포럼에서 절정에 달했다. 자율주의는 때때로 마르크스주의의 한 갈래로 여겨지기도 하는데, 자율주의의 주요 사상가들인 마리오 트론티와 토니 네그리가 처음에는 이탈리아 공산당에서, 나중에는 1960년대 말의 극좌파 단체인 포테레 오페라이오(노동자의 힘)에서 이론적 기초를 다졌기 때문이다. 그러나 실제 이론과 실천이라는 측면에서 보면, 자율주의는 마르크스와 엥겔스(나 레닌, 트로츠키, 룩셈부르크)의 '고전' 마르크스주의보다는 아나키즘에 훨씬 더 가깝다.

1960년대에 자율주의(그때는 '노동자주의'로 알려졌다)는 생산 현장의 전투적 산업 노동자들, 특히 이탈리아 북부 자동차 공장 노동자들의 투쟁에 집중했다. 이런 투쟁들은 이탈리아 공산당과 공산당계 노조 지도자들의 의회 개혁주의나 타협주의와 뚜렷이 대조됐고, 정당이나 노동조합 투쟁 일반과 대립하는 것이었다. 트론티와 네그리는 비공인 파업뿐 아니라 사보타주와 결근도 치켜세우는 이른바 '거부 전략'을 발전시켰다. 노동계급이 자본과 협력하기를 '자율적으로' 거부하고 따라서 자본을 약화시키는 것이 바로 그런 행동이라고 생각했기 때문이다.

그 후 1970년대에 이탈리아 노동자 운동이 패배하고 혁명적 좌파도 전반적 전투성의 위기에 빠지자 네그리는 생산 현장의 산업 노동자들에게서 그가 '사회적 노동자'라고 부른 사람들로 초점을 옮겨서 실업자와 그 밖의 '주변부' 집단들을 강조했다. 그 다음에는 (붉은 여단[이 이탈리아 전 총리 알도 모로를 암살한 사건]에 연루됐다는 거짓 혐의를 뒤집어쓰고) 이탈리아 국가에 의해 투옥됐다가 풀려난 후 마이클 하트와 함께 《제국》(2000)과 《다중》(2004)을 펴냈는데, 이 책들은 한동안 상당한 성공을 거두면서 급진주의 진영에 큰 영향을 미쳤다. 여기서 내가 살펴보고 싶은 것은 네그리가 발전시키고 스스로 자율주의자나 아나키스트라고 생각하는 많은 사람들이 받아들이는 사상 두 가지다. 왜냐하면 이 사상들은 틀렸을 뿐 아니라 가장 광범한 의미의 좌파와 반자본주의 운동에 분명히 해롭기 때문이다.

첫째는 임금노동을 거부하는 것이 혁명적 행동이라는 사상이다. 이 사상은 앞에서 라이프스타일 아나키즘을 다룰 때 이미 비판했지만, 네그리와 자율주의자들은 전투적 활동가라는 바로 그 점 때문에 이 사상을 극단까지 밀고 나아가 완전히 재앙적인 지경에 이르렀다. 그들은 실업자에게 초점을 맞추기 시작했을 뿐 아니라 임금노동자를 체제의 협력자로 몰아붙였기 때문이다. 네그리는 다음과 같이 썼다.

> 일부 노동자 집단, 일부 노동계급 부문은 높은 임금 수준에 여전히 매여 있다. … 다시 말해, 그들은 수익에 해당하는 소득에 의지해 살고 있다. 그러는 한 그 노동자들은 경영진과 동일한 처지에서 프롤레타리아의 잉여가치를 훔치고 빼앗는다. 그들은 사회적 노동이라는 부정한 거래에 가담하고 있는 것이다. 그런 태도에 (그리고 그런 태도를 조장하는 노동조합 관행에도) 맞서 필요하다면 폭력을 써서라도 싸워야 한다. 봉급 소득자의 오만을 꺾어 버리기 위해 실업자들이 대공장 진입 투쟁을 벌이는 일이 빈발할 것이다.[14]

이런 생각은 청년 투사들의 행동에 중대한 영향을 미쳤는데, 그러다 보니 실제로는 기업주들이 노동계급을 분열시키는 데 오히려 도움이 됐다. 즉, 기업주들은 이런 생각을 이용해서 자칭 혁명가들과 노동조합원들의 물리적 충돌을 부추기고 실업자와 취업 노동자를 이간질할 수 있었던 것이다.

둘째, 네그리와 하트는 사회적 노동자 개념에서 더 나아가 ('노동계급' 개념에 반대해) '다중' 개념을 주장했다. 다중은 사실상 지배계급을 제외한 거의 모든 사람을 가리키는 모호한 용어로, 옛날의 '민중' 개념과 비슷하다. 언뜻 보면 다중 개념은 그럴듯하게 들린다. 왜냐하면 사회주의자와 아나키스트 모두 선동할 때 항상 '민중'을 들먹이기 때문이다. 더욱이, 많은 부르주아 사회학자들(과 일부 사회주의자들)은 노동계급을 너무 협소하게 정의한다. 즉, 노동력을 팔아서 먹고사는 사람들을 노동계급으로 규정하지 않고 오로지 육체 노동자들만을 노동계급으로 규정하는 것이다. 그러면 화이트칼라 노동자들은 노동계급에서 제외되고, 따라서 현대 사회에서 노동계급은 감소하는 것처럼 보이게 된다.

그렇지만 '다중' 개념에는 치명적 결함이 있다. 다중 개념이 놓치고 있는 것(사실은 흐리고 있는 것)은, 세계 자본주의의 피해자는 수없이 많지만 그중에서도 체제에 도전하고 체제를 전복할 수 있는 독특한 능력을 가진 특수한 계급, 즉 국제 노동계급이 존재한다는 사실이다. 노동계급을 이렇게 이해하는 것은 도덕적 판단이 아니라 전략적 판단이다. 그 근거는 노동자들이 다른 사람들보다 더 '훌륭하다'는 생각이나 노동자들은 모두 사회주의 의식이 있다는 생각, 노동운동의 과거에 대한 감상적 애착 따위가 아니라 노동자들이 바로 자본가들이 얻는 이윤의 주된 원천이라는 경제적 처지, 노동자들과 사회의 핵심 생산력의 긴밀한 연관, 노동자들은 대규모 작업장과 도시에 집중돼 있다는 점 등이다.

노동계급의 중요성은 2011년 이집트 혁명에서도 입증됐다. 수많은 이집트 대중이 거리와 광장을 점거하고 시위를 벌이고 경찰에 맞서 싸웠지만, 무바라크는 권좌에서 물러나지 않고 계속 버텼다. 그러나 2월 10~11일 시위를 보강하는 엄청난 파업 물결이 일어나자 그 전까지 무바라크에게 충성하던 군 장성들도 마침내 독재자를 희생시켜 체제를 구해야 한다는 결정을 내릴 수밖에 없었다.

산업혁명과 함께 출현한 이래로 노동계급은 사회주의 좌파든 아나키스트 좌파든 트로츠키주의 좌파든 신디컬리스트 좌파든 최상의 좌파를 위한 출발점, 사회적 토대, 전략적 정박지였다. 그런데 이 정박지와 스스로 단절함으로써 자율주의는 전략적 방향 상실과 수많은 전술적 오류의 토대를 놓고 있는 셈이다.

최근 가이 스탠딩이 정교하게 발전시킨 '프레카리아트' 개념도 마찬가지다. 스탠딩은 프레카리아트를 "새로운 위험 계급"이라고 부르면서, "프롤레타리아, 즉 20세기 사회민주주의의 토대가 된 산업 노동계급"과 프레카리아트를 대비시킨다.

프레카리아트를 이루고 있는 다수의 불안정한 사람들은 되는대로 아무렇게나 살아가면서 단기 취업을 하다 말다 해서 이렇다 할 직업 경력도 없다. 마음에 들지 않는 미래에 좌절한 수많은 고학력 청년들, 억압적 노동에 종사하는 수많은 여성, 평생 범죄자 딱지를 붙이고 살아가게 된 많은 사람들, 전 세계에서 수억 명을 헤아리는 이주민도 프레카리아트에 포함된다.[15]

스탠딩은 이집트 혁명과 최근의 스페인·그리스 항쟁도 모두 프레카리아트가 이끌었다고 (틀린) 주장을 하지만, 사실은 프레카리아트의 대의를 옹호한다기보다는 자신이 원하는 개혁 조처, 즉 국가가 모든 사람에게 기본소득을 제공하는 개혁을 실시하지 않으면 이집트나 스페인·그리스 같은 사태가 벌어질 것이라고 주장할 뿐이다. 스탠딩 자신은 좌파 사회민주주의자이지만, 많은 아나키스트와 자율주의자도 스탠딩의 개념과 용어를 기꺼이 받아들이고 사용한다.

이 이론의 근본적 오류는 '프레카리아트'로 분류된 사람들이 사실은 노동계급의 일부, 그것도 소수인 일부(인구의 약 25퍼센트)이지 결코 프롤레타리아와 대비되는 별개의 계급이 아니라는 것, 그리고 분명히 사회변혁이나 혁명의 주체로서 프롤레타리아의 대안이 되지 못한다는 것이다. 한편으로, 프롤레타리아를 산업 노동계급으로만 규정하는 스탠딩의 개념은 노동계급의 상당수는 항상 지극히 불안정한 생활을 했다는 사실, 특히 불황기와 대량 실업의 시대에 그랬다는 사실을 무시한다. 다른 한편으로, 산업 노동자나 육체 노동자뿐 아니라 화이트칼라 노동자도 노동계급에 포함된다. 노동력을 팔아서 먹고사는 사람은 모두 노동계급인 것이다. 철강 노동자도 교사도 건설 노동자도 가게 점원도 모두 노동계급이다.

따라서 이른바 프레카리아트를 사회변혁 운동의 전략적 기반으로 삼으려는 것은 노동계급을 분열시키고, 운동을 노동계급의 소수와 사회의 소수로 국한시키고, 계급의 다수와 운동을 단절시키는 것이다. 생산을 멈춰서 자본주의에 가장 강력한 타격을 가할 수 있는 경제적 힘을 가진 조직 노동계급도 포함된 계급의 다수와 말이다. 마르크스는 프롤레타리아 운동을 가리켜 "압도 다수의 이익을 위한 압도 다수의 자의식적이고 자주적인 운동"이라고 말했는데, 바로 이것이 승리의 비결이다. 운동을 소수의 기반 위에 건설하는 것은 패배로 가는 지름길이나 다름없다.

《제국》에서 네그리와 하트는 국가가 자본주의 권력의 중심지로서 중요하지 않게 됐다고 주장했다. 세계화로 말미암아 순수한 자본주의 권력의 "평평한 공간"이 창출돼서 국민국가나 제국주의 국가 간 경쟁이 이제 더는 중요하지 않게 됐다는 것이다. 이런 선언은 불행히도 타이밍이 좋지 않았다. 9·11 직후에 그렇게 선언했는데, 곧바로 아프가니스탄과 이라크 침략이 뒤따랐으니 말이다. 그러나 그런 주장 자체가 항상 틀렸다는 사실을 강조해야겠다. 가장 단순한 수준에서는, 국가와 국가의 무장 기구가 뒤를 봐주지 않으면 월마트(와 대다수 거대 기업)는 단 하루도 버틸 수 없을 것이다. 당장 빈민들에게 약탈당하고 말 테니까 말이다. 국제 경제 수준에서는, 세계 상위 200대 기업의 90퍼센트 이상은 여전히 특정 나라를 본국으로 삼고 있고 특정 국민국가와 긴밀한 연계를 유지하고 있다. "맥도널더글러스가 없으면 맥도날드도 없다"는 말은 이 점을 잘 보여 준다.

국가의 중요성을 무시하는 오류는 존 홀러웨이의 책 《권력을 잡지 않고 세상을 바꾸기》(2002)에서 더 심각해졌다. 네그리는 오늘날 '제국'의 시대에는 국가의 중요성이 사라지고 있다고 봤지만, 홀러웨이는 사회주의 운동이 국가에 집중한 것 자체가 모든 사회주의 운동의 근원적 오류라고 봤다. 개혁주의자든 혁명가든 사회민주주의자든 볼셰비키든 공산주의자든 트로츠키주의자든 모두 하나같이 국가권력 장악을 추구했는데, 이렇게 국가권력을 장악하려는 생각 자체가 틀렸다는 것이다. 왜냐하면 국가기구 자체가 본래 권위주의적이고 억압적인 것이어서 국가권력을 '장악'하게 되면 결국은 혁명으로 폐지하려 했던 바로 그 억압을 되풀이할 수밖에 없기 때문이다. 그래서 홀러웨이가 내놓은 대안적 전략은 국가와 무관한 '자율적' 권력 기반을 수립하는 것이었다. 1994년 멕시코 치아파스 주에서 사파티스타가 봉기한 것처럼 말이다.

[자율주의자들의] 이런 비판은 노동당을 비롯한 사회민주주의 정당들의 실천에 대해서는 어느 정도 설득력이 있겠지만, 파리코뮌 이후 마르크스가 그리고 《국가와 혁명》에서 레닌이 주장한 결정적 요점을 놓치고 있다. 즉, 노동계급은 부르주아 국가를 단지 '인수'할 수 없고 그것을 분쇄해야 한다는 주장 말이다. 홀러웨이가 내놓은 대안적 전략에는 권장할 만한 것이 별로 없다. 사파티스타의 반란은 국제적으로 저항 수준이 낮고 세계 지배자들이 공산주의의 몰락을 자축하며 기고만장하던 역사적 순간에 일어났기 때문에 엄청나게 고무적인 사건이었지만, 전 세계는 말할 것도 없고 멕시코 사회를 변화시키는 데도 성공하지 못했다. 더욱이, 치아파스의 정글 속에서 가능했던 일은 상파울루나 부에노스아이레스나 선진 자본주의 세계 어디서도 결코 되풀이될 수 없다. 지금 국가의 영향력이 미치지 않은 곳은 정말 아무 데도 없고, 자율적 공간으로 무한정 지속될 수 있는 곳도 전혀 없

다. 그런 공간이 자본주의 권력을 위협한다면 말이다. 우리는 국가를 무시하려 들 수 있겠지만, 그렇다고 해서 국가도 우리를 무시하지는 않을 것이다.

존 홀러웨이는 체제의 '균열'을 축하하고 우리의 노동으로 자본주의를 창조하기를 거부하자는 혁명적 미사여구를 수많은 시적 언어로 표현하면서 권력을 잡지 않아도 된다고 주장한다. 그러나 사실 홀러웨이의 주장은 혁명적 전략이 아니라 개혁주의 전략이고, 온갖 종류의 NGO, 압력단체, 사회운동(국가의 자금 지원을 받거나 아니면 자본주의를 전복할 생각이 전혀 없으므로 국가와 충돌하기를 회피할 것이 뻔한 사회 세력들)을 급진적으로 포장해 준다.

강령 아나키즘

강령 아나키즘은 드물지만 흥미로운 현상이다. 그 이름과 사상은 1926년 파리에 망명 중이던 러시아 아나키스트들, 즉 네스토르 마흐노, 표트르 아르시노프를 비롯한 〈디엘로 트루다〉(노동자의 대의) 그룹이 작성한 《자유지상주의적 공산주의자들의 조직 강령》[16]에서 유래했다. 강령 아나키즘이 오늘날에도 중요한 이유는 아일랜드의 '노동자 연대 운동'이나 북아메리카의 '북동부 아나키스트 공산주의자 연맹'을 비롯한 많은 소규모 아나키스트 집단에 영감을 주기 때문이다.

《강령》은 지은이들이 겪은 러시아 혁명 경험의 산물이고 그 경험의 흔적이 강력하게 남아 있다. 그래서 《강령》은 아나키즘의 약점이 무엇보다 정치조직의 일관된 원칙이 없는 것이라고 봤다. 《강령》은 다음과 같이 주장했다.

> 아나키즘은 아름다운 유토피아도 아니고 추상적 철학 사상도 아니다. 아나키즘은 노동 대중의 사회운동이다. 따라서 아나키즘은 아나키스트 세력들을 하나의 조직으로 모아서, 계급투쟁의 현실과 전략이 요구하는 대로 끊임없이 선동해야 한다.
> 우리는 아나키즘 운동 참가자의 다수를 결집하고, 아나키즘의 일반적·전술적 정치 노선을 확립해서 운동 전체의 안내자 구실을 할 조직이 절실하게 필요하다.
> 우리가 보기에 일반적 조직 문제를 해결하는 유일한 방법은 정확한 이론적·전술적·조직적 견해를 바탕으로, 즉 거의 완벽한 동질적 강령을 바탕으로 능동적 아나키스트 투사들을 결집하는 것이다[강조는 원문 그대로 — 몰리뉴].

이것은 놀라운 주장이다. "정확한 견해"를 바탕으로 한 "동질적 강령"과 "일반적·전술적 정치 노선"을 가진 "하나의 조직"이

당, 그것도 매우 레닌주의적인 당이 아니라면 무엇일까?

훨씬 더 놀라운 사실은 《강령》이 "혁명의 수호"라는 단락에서 다음과 같이 주장한다는 것이다.

> 사회혁명은 노동계급이 아닌 사회 계급들의 특권과 존재 자체를 위협하기 때문에 이 계급들은 필사적으로 저항할 수밖에 없고 이 저항은 격렬한 내전의 형태를 띠게 될 것이다. …
>
> 러시아의 경험이 보여 줬듯이 그런 내전은 몇 달이 아니라 몇 년씩 걸릴 것이다.
>
> 혁명 초기에 노동자들이 취하는 조처들이 아무리 환희를 불러일으킨다 해도 지배계급들은 여전히 엄청난 저항 능력을 오랫동안 유지할 것이다. 몇 년 동안 그들은 반혁명 공세를 감행하면서, 자신들이 빼앗긴 권력과 특권을 되찾으려고 애쓸 것이다.
>
> 승리한 노동자들에 대항해서 대규모 군대, 군사기술, 전략, 자본이 사용될 것이다. …
>
> 혁명의 성과를 보존하려면, 노동자들은 혁명 수호 기관들을 창설해야 한다. 그래서 과제의 중요성에 걸맞는 전투력으로 반동의 공세에 대항해야 한다. …
>
> 모든 전쟁과 마찬가지로 내전에서도 노동자들은 모든 군사작전의 두 가지 근본 원칙, 즉 작전 계획의 통일성과 명령 체계의 통일성을 적용하지 못하면 승리할 수 없다. 혁명의 가장 결정적 순간은

부르주아지가 조직된 세력으로서 반혁명 공세를 감행할 때일 것이다. 이 결정적 순간에 노동자들은 이런 군사 전략의 원칙들을 채택하지 않으면 안 된다.

따라서, 군사 전략상의 필요라는 견지에서 또 반혁명 세력의 전략으로 말미암아 불가피한 필요라는 견지에서 보면 혁명의 무장력은 **일반적 혁명군, 즉 공통의 지휘 체계와 작전 계획을 갖춘 군대에** 바탕을 둘 수밖에 없다[강조는 몰리뉴].

이렇게 길게 인용한 이유는, 자타가 공인한 아나키스트들이 직접 쓴 글에 이런 주장이 나온다는 것은 정말 놀라운 일이기 때문이다. 그들은 당이 필요하다는 주장의 핵심을 인정할 뿐 아니라 러시아의 경험, 즉 진정한 혁명의 경험을 바탕으로 마르크스주의 노동자 국가 이론의 핵심도 인정한 것이다.

《강령》의 지은이들(과 오늘날 그 추종자들)은 이 점을 부인하며, "동질적 강령"을 가진 "하나의 조직"은 당이라는 사실을 부인하는 것과 꼭 마찬가지로 자신들은 "국가"와 "권위"라는 "원칙"도 부인한다고 말한다. 그러나 이렇게 부인해 봐야 헛일이다. 엥겔스와 레닌이 주장했듯이, 국가의 본질은 '무장 집단'이다. 좋든 싫든 간에, "공통의 명령 체계"를 갖춘 혁명적 노동자들의 군대는 국가를 함의한다. 그런 노동자 군대는 어느 정도의 "권위"를 함의하듯이 말이다. 어떤 말장난도 이 사실을 회피할 수 없다.

마르크스주의자는 《강령》파 아나키스트 동지들에게 "여러분은 중요한 통찰을 얻으셨습니다" 하고 옳은 말을 해 줄 수 있다. 즉, 동질적 강령을 바탕으로 한 단일 조직의 필요성이나 폭력적 반혁명과 내전에 대처할 필요성 등에 대한 통찰은 중요하다고 말이다. 그러나 이런 통찰이 아나키즘 체계와 딱 맞아 떨어질 수는 없다. 훨씬 좋은 것은, 마르크스의 역사유물론으로 그런 통찰에 진지한 이론적 토대를 구축하고 그것을 마르크스주의 국가이론과 당 이론으로 통합해서 더 발전시키는 것이다.

직접행동

운동 과정에서 마르크스주의자들과 아나키스트들이 흔히 이견을 드러내는 쟁점 가운데 하나가 '직접행동' 문제다. '직접행동'을 정확히 정의하기가 쉽지 않은 이유는 매우 다양한 전술에 적용되는 용어이기 때문이다. 그러나 대체로는 자본주의의 법률을 어기거나 거역하는 항의 행동이나 저항 행동, 즉 거리에서 연좌하거나 고속도로를 봉쇄하거나 건물을 점거하거나 군사시설에 잠입하거나 유리창을 깨뜨리는 등 재산을 파괴하는 행동 따위를 가리킨다. 직접행동은 폭력을 수반할 수도 있고 비폭력을 분명히 표방할 수도 있다. 서로 다른 많은 정치·사회 세력들이 다양한 직접행동을 사용할 수 있고 실제로 사용해 왔다는 것은 분명하다. 미국의 공민권 운동이 그랬고, 그리넘 코먼 페미니스트들*이 그랬고, 제노바에서 반자본주의 시위대가 그랬고, 더블린과 런던에서 학생들이 그랬다. 파업을 벌이고 피케팅을 하거나 작업장을 점거한 노동자들도 일종의 직접행동을 하는 셈이다. 극우파와 파시스트들도 직접행동에 참가할 수 있다. 영국수호동맹EDL이 모스크를 표적 삼아 공격하는 것이 그렇다.

그렇다면 이것이 어떻게 마르크스주의자들과 아나키스트들을 분열시키는 쟁점이 될까? 아나키스트들은 직접행동을 지지하고 마르크스주의자들은 반대한다는 주장은 결코 사실이 아니다. 오히려 마르크스주의자들이 직접행동을 지지하고 실행하는 경우도 많다. 그렇지만 진짜 차이도 있다. 아나키즘은 직접행동을 물신화하는 경향이 있다. 그래서 직접행동을 고집하면서 다른 형태의 행동은 배제하거나 다른 저항 형태를 폄하하는 경향이 있다. 또, 직접행동의 특징, 즉 흥분, 위험, 용기, 시선 집중을 대중을 동원하고 참여시킬 필요보다 우위에 두는 경향도 있다. 이와 달리 마르크스주의자들은 직접행동의 사용을 전술의 일환으로 본다. 그것도 직접행동이 주된 목표, 즉 노동계급 대중의 자신감

---

* 1980년대에 영국의 그리넘 코먼 공군기지에 핵무기를 배치하는 것에 반대해 기지 주변에 평화 캠프를 차리고 투쟁을 벌인 여성운동가들.

과 의식과 투쟁을 고양하는 데 기여할 때만 직접행동을 사용해야 한다고 생각한다.

분명히 여기에 절대적 법칙 따위는 있을 수 없다. 즉, 구체적 상황에서 어떻게 판단하는가 하는 문제이고, 우리는 모두 때때로 실수를 하기 마련이다. 그렇지만 내가 주장하고 싶은 것은 대체로 마르크스주의가 대중행동을 강조하는 것은 옳다는 점이다. 소수가 하는 직접행동의 구실을 추어올리는 것은 자본주의 체제와 그 국가기구의 힘과 무자비함을 과소평가하는 것이다. 예컨대, 이탈리아 투테 비앙케('하얀 우주복'이라는 뜻)의 사상, 즉 (솜이나 털 등을 넣은 두툼한 우주복 같은 옷을 입고) 거리에서 전투를 벌이는 특별한 전술을 발전시키면 경찰과 국가를 물리치거나 심지어 궁지에 몰아넣을 수도 있다는 생각은 2001년 제노바 시위에서 완전히 환상임이 드러났다. 국가는 곤봉·말·개·최루탄 등으로 무장한 경찰뿐 아니라 총·대포·탱크로 무장한 군대도 마음대로 사용할 수 있다. 거리 전투에서 경찰을 확실하게 제압할 수 있는 유일한 방법은 이집트에서 그랬듯이 압도적으로 많은 사람을 동원하는 것이고, 자본주의 국가 전체를 물리칠 수 있는 유일한 방법은 수많은 노동자들이 투쟁에 나서서 국가를 내부에서부터 파괴하는 것이다.

대중 시위는 아무리 평화적이고 심지어 정부 정책을 바꾸지 못하더라도 운동에서 여전히 중요한 구실을 한다. 많은 노동자들은 대중 시위를 통해 처음으로 정치에 입문하고 처음으로 집단행동을 경험한다. 그래서 대중 시위는 강력한 급진화 효과를 낼 수 있다. 또, 대중 시위를 통해 사람들은 자신들의 집단적 능력을 깨달을 수 있고, 자본주의 체제가 강요하는 고립과 원자화를 극복할 수 있게 된다. 따라서 이제 막 의식을 발전시키고 있는 사람들, 운동에 첫발을 내딛고 있는(아마 머뭇머뭇하면서) 사람들에게 개방적인 행동 형태들이 있어야 한다. 대규모 시위는 또, 국내에서뿐 아니라 국제적으로도 상당한 선전 효과를 낼 수 있다. 예컨대, 2002~03년에 이라크 전쟁 반대 시위를 벌인 수많은 사람들은, 비록 전쟁을 막지는 못했지만, 중동 사람들에게 중요한 메시지를 전달했다. 즉, 서구의 평범한 사람들 대다수는 자국 정부의 제국주의적 침략 행위를 지지하지 않는다는 사실을 보여 준 것이다. 이것은 중동의 좌파가 이슬람주의 경향이나 테러리스트 경향을 비판하는 데 도움이 됐고, 미래의 국제 연대를 위한 중요한 초석을 놓았다.

역으로, 직접행동에 집착하면 헌신적 소수와 그보다 덜 헌신적인 다수를 분리할 수 있다. 즉, 헌신적 소수가 덜 헌신적인 다수와 동떨어져서, 오로지 소수 집단의 과장된 행위만이 중요하다는 착각을 발전시킬 수 있는 것이다. 이런 대리주의는 운동에 매우 해로울 수 있다. 혁명은 수많은 노동계급의 자기해방이며, 그런 자기해방으로 가는 지름길 따위는 없다.

이 모든 이유 때문에 노동계급 대중을 동원하는 것이야말로 최우선 과제가 돼야 한다.

선거 참여

거의 모든 아나키스트는 의회 선거를 비롯한 공직 선거에 참여하기를 거부한다. 그들은 이렇게 선거에 참여하는 행위를 부패하고 부정한 부르주아 정치의 정수로 여기고(자본주의 사회는 선거에서 누가 당선되든 자본과 부자들이 지배하므로) 증오의 대상인 자본주의 국가를 승인해 주는 것이라고 본다. 마찬가지로, 마르크스주의자들도 부르주아 민주주의를 비판하고, 사회주의로 가는 의회적 길 따위는 없다고 보고, 의회를 혁명적으로 전복해서 노동자 평의회로 교체해야 한다고 주장한다. 그러나 상황에 따라서는 선거에 참여할 수도 있다고 주장한다.

그 이유는 혁명가들은 노동계급의 의식을 높이기 위한 투쟁에 참여해서 자본주의 언론과 자본주의 정당들(개혁주의 정당을 포함해서)의 영향력에 맞서 싸우는데, 부르주아 선거는 이런 전투가 벌어지는 영역이기 때문이다. 부르주아 선거가 가장 중요한 영역은 결코 아니지만(예컨대, 노동조합 투쟁과 파업이 훨씬 더 중요하다) 그렇다고 해서 그냥 무시해서도 안 된다. 우리는 의회 제도에 대한 환상이 없지만, 수많은 노동자들은 확실히 그런 환상이 있다. 심지어 의회 제도를 불신한다고 말하는 노동자들조차 그렇다. 따라서 선거는 여느 때와 다르게 사람들의 시선이 정치에 집중되는 때이므로, 선거에 후보로 출마하는 것은 사회주의 사상을 많은 사람들에게 선전할 수 있는 중요한 기회가 된다.

혁명적 사회주의자 후보가 지방의원이나 국회의원으로 당선하면, 효과적 선전 기회가 크게 늘어난다. 그것도 단지 유인물과 연설(원내외에서 하는)을 통한 선전뿐 아니라 행동으로 하는 선전, 즉 파업을 지지하거나 피켓라인에 동참하거나 점거와 시위에 참가하거나 잡담 장소에 불과한 의회라는 가짜 민주주의를 의회 안에서 폭로하고 전복하려는 행동을 통한 선전 기회도 늘어난다. 앞서 말했듯이, 의회를 노동계급과 민중에게 이로운 기구로 바꿀 수는 없지만 혁명가가 의회 안에서 민중의 호민관으로 활동할 수는 있다.

아나키스트뿐 아니라 일상적 부르주아 정치의 역겨운 거짓말, 위선, 부정 비리(이런 것들은 모든 자본주의 나라에서 공통된 현상이다)에 넌더리기 나서 의회 제도에 부정적인 일부 사람들도 정직한 혁명가가 썩어 빠진 의회 안에 발을 들여놓는 순간 반드시 부패할 수밖에 없다고 말할 것이다. 물론 그럴 위험은 얼마든지 있다. 노동조합에서도 공직에 선출된 개인들이 그렇게 변하는 경우를 흔히 볼 수 있다. 그도 그럴 것이 체제가 사람들에게

가하는 타협과 순응 압력이 엄청나기 때문이다. 부르주아지는 노동계급의 대표들을 부패시킨 수백 년간의 경험이 있다. 그러므로 우리 운동은 [대표들이 부르주아지에게] 매수되지 않도록 끊임없이 경계해야 하고, 선거에 출마한 후보들이 만약 당선하면 엄청난 압력을 받을 것이라는 사실을 깨닫고 이에 대처하는 법을 확실히 터득하게 해야 하고, 그들이 기층과 현장에 책임지도록 하는 메커니즘을 구축해 둬야 한다. 가장 중요한 점은, 운동과 당이 스스로 무게중심, 즉 정치 활동의 초점을 여전히 의회 밖에, 즉 작업장과 거리에서 벌어지는 계급투쟁에 둬야 한다는 것이다.

이렇게 잘 경계하기만 한다면, 혁명적 운동이 의회라는 자본주의 체제의 요새 안에서 혁명과 노동계급에 기여할 수 있는 정치적 역량을 가진 개인들을 발견하는 일이 불가능하지만은 않을 것이다. 사실, 역사는 이런 일이 가능하다는 것을 보여 줬다. 독일 제국의회에서 사회민주당 의원이었던 카를 리프크네히트가 제1차세계대전에 반대하고 1919년 독일 혁명의 지도자·순교자가 된 것이 가장 유명한 사례다. 또, [북아일랜드] 자유 데리에서 벌어진 '보그사이드 전투'에 참가했다가 체포·투옥되고 1969~74년 미드얼스터 선거구의 국회의원을 지내며 [1972년] '피의 일요일' 사건 뒤에 영국 하원에서 보수당 장관 레지널드 모들링에게 주먹을 날린 버너데트 데블린도 유명하다. 이보다 덜 유명한 인물도 많다.

아나키스트들이 선거에 참여하지 않는 태도의 문제점은, 부르주아지에게 또는 노동계급 속에서 부르주아지의 충실한 동맹 노릇을 하는 세력들(노동당 같은 개혁주의 정당들)에게 이런 정치 영역 전체를 고스란히 넘겨준다는 사실이다. 그래서 사실상 개혁주의자들이 노동계급의 의식에 미치는 영향력을 유지할 수 있도록 도와준다. 심각한 대결 상황에서는 노동계급을 배신할 것이 뻔하고 일상적으로는 부르주아 사상을 사람들에게 퍼뜨리는 개혁주의자들을 거들어 주는 것이다. 훨씬 더 나쁜 것은, 노동자들이 노동당 정부나 사회민주주의 정부의 배신을 겪고 나서 환멸에 빠졌을 때(이런 일은 역사에서 거듭거듭 일어난다), 선거에서 좌파적 대안이 없으면 사람들이 다시 우파 정당을 지지하거나 심지어 파시스트 정당을 지지하게 되는 심각한 위험이 있다는 것이다. 히틀러부터 영국 국민당BNP까지 파시스트들은 의회 정치와 의회 밖 정치를 결합하는 법을 알고 있다는 점을 잘 보여 줬다. 좌파는 선거에서 손을 뗀 채 나 몰라라 해서는 안 된다.

운동 속의 의사 결정

파업을 조직하든 사회·정치 운동을 조직하든 집회나 시위를 조직하든 뭔가를 조직하려면 결정을 내려야 한다. 이런 결정은 결코 피할 수 없다. 회의를 오후 7시에 할지 8시에 할지를 결정하는 문제처럼 사소하지만 매우 실천적인 결정을 내려야 할 때도 있다. 특정 사회·정치 운동이 이민 규제를 지지해야 하는가 반대해야 하는가처럼 원칙의 문제를 결정해야 할 때도 있다. 사소한 실천적 문제처럼 보이는 것이 훨씬 더 큰 정치적·전략적 함의가 있는 경우도 있다. 예컨대, 시위 행진의 목적지를 놓고 벌이는 논쟁이 사실은 시위가 완전히 평화적이어야 하는가 아니면 경찰과 충돌하는 위험을 무릅쓸 것인가를 놓고 벌이는 논쟁일 수 있다. 대규모 회의를 개최하려면, 의제는 뭘로 할지, 연단에서 발언할 사람은 누구로 할지 등등을 결정해야 한다. 그렇다면 이런 결정들은 어떻게 내려야 할까?

급진적 운동에서 아주 흔히 사용되는 방법 하나는, '카리스마' 있거나 가장 유력한 실권자 한 사람이 모든 것을 결정하는 것이다. 이 방법은 마르크스주의자들과 아나키스트들이 모두 거부한다. 노동계급 운동과 사회주의 운동에서 전통적으로 사용되는 방법은 민주적 투표로 결정하는 것이다. 이 방법은 이런저런 '지도자'나 '간부'에게 어느 정도 권한을 위임할 수 있지만, 근본적 원칙은 다수가 결정한다는 것이다. 요즘 많은 아나키스트와 자율주의자가 받아들이는 방법은 합의제 결정 방식이다. 즉, 운동에 참가하는 모든 사람(특정 순간에 특정 공간에 모인 모든 사람?)이 합의한 것만을 실제로 결정한다는 것이다. 이 중에서 가장 좋은 방법은 어느 것일까?

합의제 결정 방식이 이상적이라는 것은 분명하다. 합의가 존재한다면 말이다. 또는 상당히 신속하게 충분한 합의에 도달할 수 있다면 가장 좋을 것이다. 그러나 합의가 존재하지 않거나 합의에 도달할 수 없을 때는 재앙이 될 것이다. 그리고 이런 일은 실제로 곤잘 일어난다. 그것이 재앙인 이유는 어떤 결정도 내리지 못하거나(아주 예외적 상황이 아니라면 언제 어디서 모일지를 결정하지 않은 채 시위를 벌일 수는 없고 미리 장소를 예약하지 않은 채 대규모 회의를 개최할 수 없는 법이다) 아니면 어느 한 쪽이 끝없는 논쟁을 벌일 태세가 돼 있어서 다른 쪽이 지쳐 나가떨어져야만 결정이 내려질 것이기 때문이다(아침에 일찍 일어나 출근하지 않아도 되는 사람들이 엄청나게 유리할 것이다). '합의'제는 또, 한 줌밖에 안 되는 완고한 사람 몇 명이 대다수 사람들을 방해하고 저지해서 운동이나 조직을 마비시킬 수도 있게 해 준다.

투표로 결정하는 방식에도 결함은 있다. 부정 투표나 불공정한 절차 시비가 일어날 수 있고, 투표 자체가 무시당할 수도 있다. 그렇지만 민주적 표결은 노동계급 운동에서 필수적 방법이다. 두 가지 사례를 들어 이 점을 입증해 보겠다. 첫째는 가상의 사례지만 노동자 운동에서 얼마든지 일어날 수 있는 상황이다.

A라는 작업장에서 일하는 노동자 500명이 10퍼센트 임금 인상을 요구하며 파업에 들어갔다고 치자. 1주일 뒤 사측이 5퍼

센트 인상안을 제시하자 노동조합 간부들은 현재로서는 최선의 방안이라며 사측의 제안을 받아들이자고 주장한다. 노동자들은 분열한다. 500명 중 약 100명은 받아들이기를 원하고, 다른 100명 정도는 더 따낼 수 있다며 투쟁을 계속하기를 원한다. 이럴 때 어떻게 결정해야 할까? '합의'가 이뤄질 가망은 없다. 모든 사람이 자기 하고 싶은 대로 한다면 파업 대열은 뿔뿔이 흩어질 것이고 파업은 패배할 것이다. 노조 간부들은 모두 작업에 복귀하라는 명령을 내리려 할 것이다. 그래서는 안 된다! 표결이 필요하다. 사용자와 국가는 노동자들이 각자 집에서 개인으로서 투표하는 우편 투표 방식을 선호할 것이다. 우리(투사들, 사회주의자들, 혁명가들 등)는 대중 집회에서 논쟁 후 표결할 것을 선동하며 투쟁해야 한다. 그래야 투사 100명의 주장이 아직 결정을 못 내린 300명을 설득할 수 있는 기회가 생길 테니까 말이다.

우리는 운동 내에서 이런 전통을 옹호하고 확립하기 위해 투쟁해야 한다. 노동자들(과 혁명가들)은 투표하는 데(그리고 표결 끝에 패배하더라도 그 결과를 받아들이는 데) 익숙해져야 한다. 물론 받아들일 수 없거나 받아들여서는 안 되는 투표도 있겠지만(모든 법칙에는 예외가 있기 마련이니까) 일반적으로 노조, 파업, 점거, 운동, 정당의 단결과 발전을 유지할 수 있는 길은 오로지 표결 끝에 패배하더라도 분열하거나 탈퇴하지 않고 표결 결과를 받아들이는 자세를 갖추는 것뿐이다.

둘째 사례는 역사적으로 엄청나게 중요한 실제 사건, 즉 1917년 10월 혁명이다. 10월 25일 아침 일찍 적위대가 페트로그라드 소비에트(의장은 레온 트로츠키였다) 산하 군사혁명위원회의 지휘를 받으며 도시의 주요 건물들을 장악하기 시작했다. 무장봉기에 저항하는 움직임은 거의 없었고, 오전 10시에 군사혁명위원회는 다음과 같은 성명을 발표했다.

임시정부는 전복됐습니다. 국가권력은 페트로그라드 프롤레타리아와 수비대의 지도부이자 페트로그라드 노동자·병사 대표 소비에트의 기관인 군사혁명위원회로 넘어왔습니다.

이때 옛 부르주아 임시정부는 아직 동궁 안에 숨어 있었다. 한편, 같은 날 같은 도시에서 전 러시아 소비에트 대회가 열렸다. 러시아 전역의 노동자·병사 평의회들에서 선출된 대표들이 스몰니 학원에 모였다. 무장봉기는 '모든 권력을 소비에트로!'라는 깃발 아래 실행됐다. 소비에트 대회는 무장봉기에 대해 어떤 태도를 취해야 하는가? 이 문제를 어떻게 처리할 것인가? 합의는 불가능했다. 소비에트 대회장에는 타협을 원하는 멘셰비크인 마르토프 같은 사람들뿐 아니라 노골적으로 봉기에 반대한 사람들도 있었기 때문이다(그들은 곧 대회장을 떠나 반혁명 진영에 가담했다). 투표로 결정해야 한다는 것은 분명했다. 실제로 투표가 잇따라 실시됐다. 트로츠키가 쓴 《러시아 혁명사》를 보면 몇 가지 수치가 나온다.

> 무장봉기가 진행 중일 때 열린 이 대회의 통계 수치들은 매우 불완전하다. 대회가 시작될 때 투표권을 가진 대의원은 650명이었고, 그중 390명이 볼셰비키였다. …
> 멘셰비키를 지지하는 소수민족 그룹까지 다 합쳐도 멘셰비키는 겨우 80명에 불과했고, 그중 약 절반은 '좌파'였다. 사회혁명당 대의원 159명(다른 자료를 보면 190명) 가운데 약 5분의 3은 좌파였고, 게다가 우파는 대회 도중에 급속하게 줄어들었다. 몇몇 자료를 보면, 대회가 끝날 무렵 전체 대의원 수는 모두 900명에 달했다. …
> 대의원들을 상대로 실시된 비공식 여론조사에서 505명은 모든 권력을 소비에트로 넘기는 데 찬성했고, 86명은 '민주주의' 정부 수립에, 55명은 연립정부를 구성하는 데, 21명은 입헌민주당을 배제한 연립정부 구성에 찬성했다.[17]

국제 자본주의가 전복된다면, 이런 노동자 평의회나 노동자 평의회 비슷한 기구들의 대회가 많이 열릴 것이고 따라서 투표도 많이 실시될 것이다. 민주적 표결 관행은 계급투쟁의 직접적 필요 때문만이 아니라 바로 이런 이유 때문에라도 우리 운동에서 적극 장려돼야 한다.

마르크스주의와 아나키즘의 이 모든 차이, 즉 라이프스타일 아나키즘, 자율주의, 강령 아나키즘, 직접행동, 선거 참여, 투표에 의한 의사 결정 방식 등을 둘러싼 차이는 모두 공통의 기원이 있다. 진정한 마르크스주의는 항상 국제 노동자 혁명이라는 목표가 명확했고 모든 전략·전술 문제를 이런 관점에서 생각하고 평가하려고 노력해 왔다. 아나키즘은 항상 그런 명확성이 없었고, 그래서 때로는 노동계급의 필요에 이끌리고 또 때로는 다른 사회집단에 이끌리고 또 때로는 자기 추종자들의 감정에 휩쓸리는 등 천방지축이었다. 마르크스주의와 아나키즘의 모든 차이는 이런 사실에서 비롯한 것이다.

5장_ 승리의 비결

이 책의 주장을 한마디로 요약하면 "아나키즘은 승리할 수 없다"는 것이다. 고귀한 이상과 온갖 영웅적 행동에도 불구하고 아나키즘에는 자본주의를 전복하고 그 이상을 실현할 진지한 전략이 없다. 그러나 우리는 필사적으로 이겨야 한다. 인류의 미래 자체가 걸려 있기 때문이다.

오늘날 세계의 상태, 즉 358명의 억만장자가 세계 인구 절반과 맞먹는 부를 통제하고, 10억 명이 굶주리고 있는데도 1조 5000억 달러 이상이 무기 만드는 데 쓰이고, 미국·그리스·포르투갈·스페인·프랑스·영국·아일랜드·아이슬란드 등지에서는 은행가들이 부른 경제 위기의 대가를 노동자와 빈민이 치러야 하고, 전쟁·고문·인종차별·천대·탄압이 도처에서 벌어지고 있는 이 상황은 그저 받아들일 수 없는 수준이 아니다. 자본주의를 그대로 두면 상태는 훨씬 더 나빠질 것이다.

2008년에 시작된 자본주의의 위기는 완화될 조짐이 안 보인다. 오히려 약간 회복되는 듯하더니(그 회복도 언론이 크게 부풀린 것이었다) 다시 악화하고 있다는 것이 분명해졌다. 유로존은 아일랜드와 그리스에 이어 이제는 이탈리아와 스페인도 국가 부도 위기에 빠지는 등 재난이 거듭되고 구제금융이 잇따르면서 휘청거리고 있다. 미국의 부채가 상징적 한계 수준인 14조 달러에 육박하자 오바마를 비롯한 미국 정치인들은 치킨게임을 하고 있다. 오늘날 엄청난 경제적 성공 신화의 주역이자 세계경제의 구원자 노릇을 해 줄 것으로 기대를 모으고 있는 중국도 경기 둔화가 시작되고 인플레이션 우려가 커지고 있다. 한편, 체제의 반대쪽 끝에 있는 아프리카의 뿔 지역에서는 1000만 명이 기아에 직면해 있다.

지속되는 경제 위기의 결과는 제쳐 놓더라도(많은 나라에서 파시즘이 성장하고 있는 것과 엄청나게 파괴적인 제국주의 전쟁의 발발 가능성도 경제 위기의 결과에 포함된다) 환경 재앙이라는 시한폭탄도 째깍거리고 있다. 기후변화를 이대로 계속 놔둔다면(탐욕스런 이윤 추구와 경쟁에 의해 움직이는 자본주의는 기후변화를 막지 못할 가능성이 농후하다) 역사상 유례가 없는 끔찍한 결과가 인류에게 닥칠 것이다. 뉴올리언스·파키스탄·방글라데시를 덮친 것과 같은 홍수는 그 규모가 훨씬 더 커질 것이고, 다르푸르·사헬·에티오피아·아프리카의 뿔 지역을 휩쓴 것과 같은 가뭄과 굶주림도 그 규모가 훨씬 더 커질 것이고, 자원 전쟁(석유가 아니라 물을 차지하기 위한)도 훨씬 더 큰 규모로 벌어질 것이고, 이 모든 재난으로 말미암은 이재민이나 난민도 훨씬 더 많아질 것이다. 자본주의가 이런 사태에 어떻게 대응할지를 알고 싶다면, 세계에서 가장 부유한 자본주의 나라가 뉴올리언스를 강타한 허리케인 카트리나에 어떻게 대처했는지를 보면 된다.

따라서, 정말로 승리할 가능성이 있는 전략(어떤 것도 승리를 보장할 수는 없다) 문제는 극히 중요하다. 그런 전략에서 가장 중요한 것은 세계를 변혁할 능력이 있는 진정한 사회 세력이 누구인지를 아는 것이다. 그러지 못하면 아무리 좋은 전술, 아무리 고귀한 목표, 아무리 대담한 계획도 한낱 공수표나 부질없는 기대에 불과할 것이다. 그런 세력(국제 노동계급)을 알아냈다는 것이야말로 마르크스주의의 가장 큰 강점이자 마르크스의 가장 큰 이론적 성과다.

마르크스가 말한 노동계급은 노동력을 팔아서 먹고사는 사람들, 자본가에게 고용돼 착취당하는 사람들이다. 마르크스는 노동계급이 겪는 고통이 아니라 그들의 능력 때문에 노동계급을 자기 정치의 토대로 삼았다. 물론 노동계급이 당하는 착취와 고통은 끔찍한 것이고, 노동자들이 체제에 도전할 동기와 이해관계를 제공한다. 그러나 노예와 농민도 수천 년 동안 고통을 겪었고 착취당했다. 노동계급이 노예나 농민과 다른 점은 첫째, 자본주의를 실제로 쳐부술 능력이 있다는 것과 둘째, 새로운 사회를 건설할 능력이 있다는 것이다.

노동계급은 자본주의의 독특한 산물이다. 자본주의가 성장하면 노동계급도 성장한다. 자본주의는 노동계급의 파업을 분쇄하고, 노동조합을 파괴하고, 노동자들의 자유를 빼앗는 등 다양한 전투에서 거듭거듭 노동계급을 물리칠 수 있다. 그러나 노동계급이 없으면 자본주의는 이윤을 생산하지 못한다. 그래서 항상 노동자들은 다시 투쟁에 나설 수 있는 것이다.

자본주의는 대규모 작업장에 노동자들을 불러 모으고, 국내 산업뿐 아니라 국제 산업으로도 노동자들을 서로 연결하고, 대도시에 노동자들을 집중시킨다. 이 때문에 노동자들은 정치적으로 엄청난 잠재력을 갖게 된다. 노동자들의 노동이 없으면 기차도 버스도 트럭도 움직이지 못하고, 땅에서 석탄·철광석·석유도 채굴할 수 없고, 신문도 인쇄되지 못하고, TV 방송도 나오지 못하고, 은행이나 학교도 문을 열 수 없다. 심지어 국가의 군대도 군복 입은 노동자들에게 의존한다. 자본주의는 노동계급을 창출하면서 역사상 가장 강력한 피억압 계급을 창출했다.

노동계급의 투쟁은 그 본성상 집단적 투쟁이다. 가장 작은 지역 운동부터 거대 기업에 맞서는 대규모 파업이나 정부에 대항하는 총파업에 이르기까지 노동자들은 함께 행동해야 한다. 사실, 이런 집단성은 투사나 혁명가 개인에게는 좌절감의 원천이 될 수도 있다. 왜냐하면 작업장의 노동자들은 다수가 함께 움직일 준비가 돼 있을 때만 행동에 나설 수 있기 때문이다. 그러나 바로 그래서 노동계급은 사회주의 계급인 것이다. 생산수단을 소유하려면 노동자들은 생산수단을 자기들끼리 나눠 가질 수 없고(농민은 토지를 나눠 가졌다) 그것을 사회적 소유로 만들어야 한다.

더욱이, 노동계급은 권력을 장악하더라도 여전히 사회에서 생산을 담당하는 계급일 것이다. 노동계급의 아래에서 노동계급에게 착취당하거나 노동계급을 먹여 살리는 계급은 존재하지 않을 것이다. 그리고 노동계급은 경제적·정치적 권력의 중심지인 대도시와 대규모 산업에 집중돼 있으므로, 새로운 계급이 나타나 자기 위에 군림하는 것도 막을 능력이 있다. 노동계급은 생산하면서 동시에 통치할 수 있을 것이고, 따라서 진정으로 계급 없는 사회의 토대를 놓을 수 있다. 노동계급은 자기 자신을 해방하면서 인류 전체도 해방할 것이다.

노동계급의 혁명적 구실은 마르크스주의의 핵심이다. 마르크스의 주장 가운데 이보다 더 노골적으로 학자들과 전문가들에게 배척당한 주장도 없다. 심지어 다른 문제에서는 마르크스주의에 '동조하는' 학자나 전문가조차도 노동계급의 혁명적 구실만큼은 받아들이지 않는다. "노동계급은 변했다"는 것이 그들의 상투적 표어다.

맞다, 노동계급은 변했다. 노동계급의 직종, 의복, 급여, 국적, 문화가 바뀐 것은 사실이다. 그러나 노동계급의 근본적 존재 조건은 여전하다. 즉, 노동계급은 여전히 자본주의의 산물이고, 여전히 노동력을 팔아서 먹고살고, 여전히 착취당하고 여전히 집단적으로 투쟁한다. 한편, 노동계급의 규모와 잠재력은 엄청나게 커졌다. 마르크스 시대에 프롤레타리아는 대체로 서유럽에 국한돼 있었다. 오늘날 노동계급은 상파울루에서 서울까지, 광저우에서 카이로까지 전 세계에 존재하고 전 세계에서 투쟁하고 있다. 바로 여기에 인류의 희망이 있다.

그러나 경험이(이제는 오래전의 쓰라린 경험이 됐는데) 보여 주는 바는, 노동계급은 투쟁할 수 있지만 그 투쟁에서 승리하려면 조직과 지도부가 필요하다는 것, 특히 혁명적 정당이 필요하다는 것이다. 다시 말해, 온갖 종류의 아나키즘이 거부하는 바로 그것이 필요하다. 노동계급은 수많은 곳에서 수많은 경우에 자본주의에 맞서 떨쳐 일어섰지만(1848년, 1871년, 1936년, 1968년 파리에서, 1919~23년 독일에서, 1919~20년 이탈리아에서, 1925~27년 중국에서, 1936년 스페인에서, 1956년 헝가리에서는 스탈린주의 국가자본주의에 맞서서, 1952년 볼리비아에서,

1970~73년 칠레에서, 1974년 포르투갈 등지에서), 그들의 투쟁은 거듭거듭 빗나가거나 패배했고 흔히 피바다에 빠졌다. 지금까지 노동계급이 비록 일시적이나마 진정한 승리를 거둔 것은 딱 한 번뿐(1917년 러시아 혁명이 성공해서 스탈린 체제에 찬탈당하기 전까지)이었는데, 그 차이를 만들어 낸 결정적 요인은 바로 노동계급에 제대로 뿌리내린 혁명적 정당의 존재였다.

그런 당은 하루아침에 건설될 수 없다. 다시 경험이 보여 주는 바는, 혁명적 위기가 한창인 순간에 그런 당을 뚝딱 만들어 내는 것은 거의 불가능하다는 사실이다. 혁명적 정당은 혁명 전에 미리 힘겹게 건설해야 한다. 혁명적 정당은 모든 작업장과 모든 주택가에서 최상의 노동계급 투사들을 (개혁주의자들이나 노동조합 관료들과 독립적으로) 불러 모아야 한다. 혁명적 정당은 투쟁 속에서 노동계급의 나머지 부분을 단결시킬 수 있는 능력을 스스로 갖춰야 한다. 즉, 전진하는 법과 후퇴하는 법, 때로는 개혁주의자들을 포함한 자기 대열 밖의 사람들과(물론 아나키스트들과도) 협력하는 법을 알아야 하고 언제 결정타를 날릴지도 알아야 한다. 혁명적 정당은 역사의 교훈을 배우고 그것을 오늘날의 상황에 맞게 적용할 수 있어야 한다.

그리고 바로 여기서 마르크스주의가 다시 중요해진다. 왜냐하면 마르크스주의는 자본주의에 대한 비판이자 미래의 사회주의에 대한 비전일 뿐 아니라 계급투쟁의 역사적 경험의 일반화이기도 하기 때문이다. 따라서 세계를 변혁하고 싶은 사람들이 성공할 수 있는 비결은 노동자 운동을 건설하고 노동자들의 저항을 발전시키는 것, 그리고 그 과정에서 마르크스주의에 바탕을 둔 혁명적 사회주의 정당을 건설하는 것이다.

후주

1 F. Engels, "On Authority", 1872, http://www.marxists.org/archive/marx/works/1872/10/authority.htm

2 레닌주의와 스탈린주의의 관계는 아나키즘과 마르크스주의의 논쟁에서 매우 중요한 쟁점인데, 이 문제는 3장에서 더 자세히 다루겠다. 스탈린주의에 대한 마르크스주의의 일반적 설명은 Chris Harman, "How the Revolution was Lost"(1967)와 Tony Cliff, *State Capitalism in Russia* [국역: 《소련은 과연 사회주의였는가》, 책갈피, 2011]를 참고하기 바란다.

3 http://www.lsr-projekt.de/poly/enee.html#all

4 http://www.marxists.org/archive/marx/works/1877/anti-duhring/ch25.htm

5 K. Marx, *Economic and Philosophic Manuscripts of 1844* (Moscow, 1981), p93.

6 같은 책, p88.

7 같은 책, p90. 강조는 마르크스.

8 M Bakunin, *The Programme of the International Brotherhood* (1869), http://www.marxists.org/reference/archive/bakunin/works/1869/program.htm

9 "Letter to S Nachayev", p34, http://quod.lib.umich.edu/l/labadie/2916979.0001.001?rgn=main;view=fulltext

10 Hal Draper, *Karl Marx's Theory of Revolution, Vol III: The "Dictatorship of the Proletariat"* (New York, 1986), p95에서 인용.

11 George Woodcock, *Anarchism: A History of Libertarian Ideas and Movements* (London, 1975) pp396-397.

12 Woodcock, p397에서 인용.

13 G. Orwell, *Homage to Catalonia* (London, 1984) [국역: 《카탈로니아 찬가》, 민음사, 2001].

14 Red Notes, eds, *Working Class Autonomy and the Crisis* (London 1979), p110.

15 http://www.policy-network.net/articles/4004/-The-Precariat-%E2%80%93-The-new-dangerous-class

16 http://www.nestormakhno.info/english/platform/general.htm

17 L. Trotsky, *The History of the Russian Revolution* (London, 1977), pp1146-1147.

더 읽을거리

마르크스주의 일반

Chris Harman, *How Marxism Works* (Bookmarks 1997) [국역: 《쉽게 읽는 마르크스주의》, 북막스, 2000]

Alex Callinicos, *The Revolutionary Ideas of Karl Marx* (Bookmarks 2010) [국역: 《칼 맑스의 혁명적 사상》, 책갈피, 2007]

Kieran Alien, *Marx and the Alternative to Capitalism* (Pluto 2011)

John Molyneux, *What is the Real Marxist Tradition?* (available online) [국역: 《고전 마르크스주의 전통은 무엇인가?》, 책갈피, 2005]

국가

V I Lenin, *The State and Revolution* (various editions available)

Friedrich Engels, *The Origin of the Family, Private Property and the State* (various editions available) [국역: 《가족 사유재산 국가의 기원》, 두레, 2012]

Karl Marx, *The Civil War in France* (various editions available) [국역: 《프랑스 내전》, 박종철출판사, 2003]

지도와 정당

Tony Cliff, Chris Harman, Duncan Hallas, Leon Trotsky, *Party and Class* (Bookmarks 1996) [국역: 《당과 계급》, 책갈피, 2012]

John Molyneux, *Marxism and the Party* (Bookmarks 1986; Haymarket 2003) [국역: 《마르크스주의와 정당》, 책갈피, 2013]

아나키즘 역사

George Woodcock, *Anarchism* (Broadview Press 2004) [국역: 《아나키즘: 자유인의 사상과 운동의 역사》 사상편·운동편, 형설출판사, 1982]

Hal Draper, *Karl Marx's Theory of Revolution, Vol III: The "Dictatorship of the Proletariat" and Vol IV: Critique of Other Socialisms* (Monthly Review Press 1998)

Andy Durgan, "Revolutionary Anarchism in Spain", in *International Socialism* 11 (Winter 1981)

Murray Bookchin, *Social Anarchism or Lifestyle Anarchism: An Unbridgeable Chasm* (AK Press 1996)

러시아와 스탈린주의

Tony Cliff, *State Capitalism in Russia* (Bookmarks 1988) [국역: 《소련은 과연 사회주의였는가》, 책갈피, 2011]

Chris Harman, *Russia: How the Revolution was Lost* (1967, available in Chris Harman, *Selected Writings*, Bookmarks 2010)

Tony Cliff, *Lenin, Vol 3: Revolution Besieged* (Bookmarks 1987) [국역: 《레닌 평전 3: 포위당한 혁명》, 책갈피, 2010]

자율주의

Alex Callinicos, "Toni Negri in Perspective", *International Socialism* 92 (Autumn 2001) [국역: 이 책의 부록1]

사회주의

Joseph Choonara and Charlie Kimber, *Arguments for Revolution* (SWP 2011)

John Molyneux, *The Future Socialist Society* (SWP 1987)

부록 1

토니 네그리, 맥락 속에서 보기

알렉스 캘리니코스

반자본주의 운동은 좌파의 세계적 부활을 뜻한다는 사실을 의심하는 사람들이 있었지만, 2001년 7월 21일 제노바 G8 정상회담 반대 시위는 그 의심을 씻어 버렸다.[1] 경찰이 끔찍한 폭력을 행사했음에도, 약 30만 명(그들 중 압도 다수는 이탈리아인이었다)이 시위에 참가했다. 젊고 대담하고 전투적인 시위대는 이탈리아 좌파(거의 4반세기 동안 패배와 사기 저하를 겪은)가 부활하고 있다는 확실한 증거였다.

그러나 이런 종류의 부활에는 복잡한 문제가 따른다. 새 좌파는 반드시 새로운 사상에 근거하고 있을 것이라고 생각하기 쉽다. 반자본주의 운동의 일부 지도적 인사들의 미사여구는 종종 이런 새로운 사상을 표현한다. 예컨대, 나오미 클라인이 "운동의 탈집중적·비非위계적 구조"와 "거미줄 같은 구조"를 강조하는 것은 기업 세계화에 반대하는 현대 운동의 독창성을 부각하기 위한 것이다.[2] 그러나 새로운 투쟁은 언제나 과거와의 단절뿐 아니라 연속성의 요소도 포함한다. 다른 상황에서 발전했고 최근까지 주변으로 밀려나 있던 사상 체계들이 다시 등장해 새로운 운동에 커다란 영향을 미칠 수 있다.

《제국》이 정확히 그런 경우다. 이탈리아 마르크스주의 철학자 안토니오 네그리와 미국의 문학 비평가 마이클 하트가 쓴 이 책은 지난해[2000년] 출판된 이래 하버드대학교 출판부가 발간한 난해한 양장본 이론서라는 이유로 언론의 비상한 관심을 끌었다. 그 책은 "코뮤니스트가 지닌 억누를 수 없는 밝음과 기쁨"을[3] 환기시키면서 끝을 맺는다. 제노바 시위 직전에 〈뉴욕타임스〉는 《제국》을 "차세대 거대 담론"이라고 선언했고, 〈타임〉은 "강렬하고 멋진 중요한 책"이라고 말했다.[4] 에드 벌리아미는 〈옵서버〉에 다음과 같이 하트에 대한 인물평을 썼다.

뉴욕에서 어떤 책이 재고가 바닥날 만큼 잘 팔려 도저히 구할 수 없는 경우가 어디 흔한 일인가? 중앙도서관 소장본은 가까운 장래를 대비해 따로 보관한다. '보통 24시간 안에 배달된다'는 아마존의 약속은 우스꽝스럽게 됐다. 출판사의 여유분도 없어 재판 인쇄에 들어갔고, 문고판을 준비 중이다. … 하트는 공저자[네그리]와 함께 … 시애틀·프라하·예테보리 시위에서 분출한 운동의 뜻밖의 현인(이자 비평가)이 됐고, 우리와 우리가 읽는 신문 헤드라인을 지배하는 주제, 즉 세계화에 관한 책을 썼다.[5]

미국의 고상한 급진 아카데미는 유행에 민감한 것으로 악명 높다. 그러나 《제국》의 사상은 실질적인 영향력을 가지고 있다. 반자본주의 운동의 주요 경향들 중 하나가 자율주의다. 자율주의의 중요한 정치적 특징은 다음 두 가지다. (1) 레닌주의적 조직관을 거부한다는 것과 (2) 정치적으로 각성한 엘리트가 대중을 위해 행동하는 대리주의적 행동 양식을 채택한다는 것이다. 사실, 자율주의의 정치적 형태는 다양하다. 아나키스트인 '블랙 블록'이 가장 악명 높은 형태다. 국가와의 폭력적인 대결을 추구하는 '블랙 블록'은 제노바에서 경찰에게 이용당했다.

좀 더 매력적인 그룹은 이탈리아 자율주의 연합체인 야바스타Ya Basta!다. 이들은 기성 정치(개혁주의적 좌파 정당을 포함해)를 거부하는 한편, 독창적인 비폭력 직접행동 양식을 채택한다. 다른 한편, 지방선거에도 출마해 가끔 성공을 거두기도 했다. 야바스타는 그 자체로 다양한 견해와 강조점을 지닌 우산 조직으로 행동하고 있고, 시위 때 — 가장 유명하게는 2000년 9월 프라하 저항S26에서 — 하얀 우주복을 입는 것으로 유명한 투테비앙케Tute Bianche와 [인적 구성에서] 겹친다. 나오미 클라인은 야바스타 활동의 주요 기반인 사교 센터를 '창窓'이라고 부른다. 국가에서 벗어난 다른 생활 방식이나 새로운 참여 정치로 통하는 창 말이다.[6] 투테비앙케의 주장은 《제국》의 언어로 가득 차 있다. 투테비앙케의 가장 유명한 지도자인 루카 카사리니는 제노바 투쟁 뒤에 다음과 같이 말했다.

> 우리는 제국에 대해, 더 정확히는 세계의 통치에서 제국의 논리에 대해 말했다. 이것은 국민 주권의 침식이다. [국민 주권의] 종말이 아니라 침식이며, 세계적·제국적 구조 내에서 국민 주권을 새롭게 정의하는 것이다. 우리는 제노바에서 이것이 작동하는 것을 봤고, 그 내부에 전쟁 시나리오가 숨어 있는 것도 봤다. 우리는 이런 제국의 논리에 어떻게 대항할 것인지에 대해 여전히 거의 준비돼 있지 않다.[7]

《제국》의 정치적 영향력을 보여 주는 이런 증거는 그리 놀랍지 않다. 토니 네그리는 가장 중요한 이탈리아 자율주의 철학자이기 때문이다. 그는 1936년에 태어났고, 1970년대 후반에 '붉은 여단'의 무장 테러 활동에 참가했다는 혐의로 20년 형을 선고받아 현재 이탈리아에서 복역 중이다[네그리는 2001년 6월에 석방된 후 가택연금에 처해졌다가 2003년 4월에 가택연금이 풀렸다]. 그의 고난은 이탈리아 사회가 심각한 위기를 겪은 1970년대에 자율주의가 처음으로 형성됐다는 역사적 맥락을 보여 주는 지표다. 따라서 《제국》에 대한 평가는 모두 그런 맥락과 네그리 사상의 발전에 대한 이해가 전제돼야 한다.

이탈리아의 정치적 지진과 자율주의의 등장

포르투갈 혁명이라는 중요한 예외가 있기는 하지만, 1960년대 말과 1970년대 전반기에 서유럽을 휩쓸었던 노동자 투쟁 물결은 바로 이탈리아에서 절정에 이르렀다.[8] 1967~68년 학생 반란과 1969년 '뜨거운 가을'의 폭발적 파업은 대규모 노동자 투쟁 물결의 서곡이었다. 이것은 광범한 사회적 급진화로 이어졌고, 그 결과 1974년 이혼에 관한 국민투표에서 여당인 기독민주당DC의 과두통치가 패배하는 등의 일이 벌어졌다. 이렇게 유리한 분위기에서 1960년대 말 세 주요 단체들('노동자전위', '계속투쟁', '공산주의를 위한 프롤레타리아 단결당')이 주도하는 상당 규모의 극좌파가 등장할 수 있었다. 극좌파는 가장 전투적인 노동계급 부문에 상당한 영향을 미쳤다. 1970년대 중반 그들은 밀라노에서만 2만~3만 명을 동원할 수 있었다. 그러나 당시 이탈리아는 심각한 경제·사회·정치 위기에 빠져 있었다. 미국과 서독 정부는 이탈리아를 서구 자본주의의 환자로 여겼다. 부패하고 권위주의적인 기독민주당 정부는 분명히 썩을 대로 썩은 상태였다. 1975년 6월 각급 지방선거에서 좌파는 47퍼센트를 얻은 반면, 기독민주당의 득표율은 35퍼센트로 떨어졌다. 그러나 5년 만에 이탈리아 노동자 운동은 일련의 심각한 패배를 겪었고, 지금에 와서야 비로소 회복하고 있다.

그런 재앙의 주요 원인은 두 가지였다.[9] 첫째이자 더 중요한 것은, 이탈리아공산당PCI이 기독민주당을 구해 줬다는 점이다. 터바이어스 앱스가 썼듯이, "이탈리아공산당이 1967~69년 노동자·학생 반란에 반대하고 1974년 이혼 관련 국민투표에서 모호한 태도를 취했는데도 이탈리아공산당이 그 두 사안에서 선거적 이득을 챙겼다는 사실은 역설적이다."[10] 동시에, 이탈리아공산당이 주도하는 이탈리아노동조합총연맹CGIL은 1960년대 말에 공장평의회를 설립하는 식으로 폭발한 현장의 전투성을 상당히 약화시켜 버렸다.[11] 1970년대 중반에 실업이 증가하자 작업장 투쟁이 '뜨거운 가을' 시기보다 훨씬 더 파편적이고 수세적으로 진행됐는데 이것도 공산당의 통제력 회복에 일조했다.

1976년 총선에서 이탈리아공산당의 득표율은 34.4퍼센트였다. 그러나 이탈리아공산당 지도자 엔리코 베를링궤르는 이탈리아 자본주의를 구출해 주는 것으로 화답했다. 1973년 9월 칠레

쿠데타 뒤에 베를링궤르는 기독민주당에 '역사적 타협'을 제안했다. 미국이 개입하는 바람에 실제로 집권할 수는 없었지만, 이탈리아공산당은 1976~79년에 극단적인 마키아벨리적 기독민주당 정치인이자 바티칸의 협력자인 줄리오 안드레오티가 이끄는 일련의 '국민연합 정부들'을 지지했다. 이탈리아공산당은 노동자 운동에 대한 지배력을 이용해 정부의 긴축 프로그램 반대 투쟁을 이탈리아 자본주의의 안정화에 협조하는 쪽으로 돌렸다.

이런 위기의 둘째 요인은 혁명적 좌파의 취약성이었다. 1960년대 이탈리아 극좌파에서 유력한 형태의 마르크스주의는 마오쩌둥주의였다. 중국에서 농민 게릴라가 자본주의를 전복했다는 생각은, 노동계급 다수의 지지를 끌어내기 위한 지난하고 어려운 과제를 회피할 수 있는 혁명의 지름길이 있다는 발상을 굳히게 했다. 1960년대 말 강렬한 급진화 분위기에서 이것은 노동조합 밖에서 공장기지위원회CUBs를 건설하는 형태로 나타났다.

1970년대 중반 세 주요 극좌파 단체들은 급격하게 우경화했다. 그들의 전략은 1976년 선거를 통해 극좌파도 참가하는 좌파 정부가 등장해 광범한 개혁 강령을 실행할 것이라는 가정에 바탕을 두고 있었다. 그러나 실제로는 기독민주당의 득표율이 증가했고, 혁명적 좌파는 고작 1.5퍼센트만을 얻었고, 이탈리아공산당은 다른 좌파들이 아니라 우파와 연정을 구성했다. 그 결과, '노동자전위', '계속투쟁', '공산주의를 위한 프롤레타리아 단결당'

은 위기에 빠졌고 매우 급속하게 붕괴했다.[12]

그러나 이것이 대중 투쟁의 끝은 아니었다. 1977년 초에 학생운동이 새로 성장했고, 이 운동은 청년 실업자들에게로 확대됐다. 혁명적 단체들의 느슨한 연합체인 '노동자자율'(아우토노미아 오페라야)은 새로운 학생운동에 점점 영향력을 넓혀 갔다. 이 학생운동은 1977년 2월 학생들이 로마대학교를 점거하면서 시작됐다. 폴 긴스버그는 다음과 같이 썼다.

> 페미니스트들이 몹시 싫어한 단체 '노동자자율'(아우토노미아 오페라야)이 점거를 주도했고 사람들의 발언을 통제했다. 2월 19일 이탈리아노동조합총연맹의 지도자 루치아노 라마가 노동조합과 공산당 간부들의 삼엄한 보호를 받으며 점거 현장에서 연설했다. … 서로 상대방을 이해하지 못하는 비극적인 장면이 연출됐다. 라마는 거센 야유를 받으며 연단에서 내려왔고, 자율주의자들과 공산당 간부들 사이에서 폭력 충돌이 벌어졌다. 2주 뒤 약 6만 명의 청년들이 수도에서 벌인 시위는 네 시간 동안 벌어진 경찰과의 게릴라식 전투로 바뀌었다. 양측에서 총을 쐈고, 일부 시위대는 자율주의자들이 선택한 무기인 P38 권총을 찬양하는 섬뜩한 슬로건을 되풀이해 외쳤다.[13]

이 운동은 국가권력과의 폭력 대결 양상을 띠며 급속하게 확대됐다. 그 와중에 두 명의 젊은 활동가 프란체스코 로루소와 죠르지나 마지가 각각 볼로냐와 로마에서 경찰이 쏜 총에 맞아 죽었다.[14] 앱스는 다음과 같이 썼다.

> 1977년 초 최초 학생 소요는 뒤죽박죽이긴 해도 대다수 이탈리아 청년들의 소외와 절망을 진정으로 표현한 것이었다. 그것은 국민연합 정권의 특징이던 경제 위기와 정치적 순응주의 분위기에 반대하는 저항이었다. 그것의 최초 표현은 훗날 영국 펑크 문화의 많은 요소를 미리 보여 줬다. '인디언'(인도가 아니라 미국의)과의 몽환적인 동일시 양상을 띠는 고의적이지만 악의적이지는 않은 엽기적 경향.[15]

그러나 1977년 운동의 매력적 특징과 그 운동에서 표출된 분노에도 불구하고 특히 청년 실업이 크게 증가하는 상황에서 발전한 그 운동은 애초부터 조직 노동계급과 갈등을 빚기 쉬웠다. 그런 가능성은 자율주의의 정치적 영향력 강화라는 현실로 나타났다. 1973년 3월에 처음 등장한 '노동자자율'은 내부적으로 이질적인 조직이었지만, 특히 네그리의 저작에서 큰 영향을 받았다.[16] 네그리의 지적 배경은 이탈리아 마르크스주의의 독특한 이론적 경향인 '노동자주의'(오페라이스모)인데, 그 경향의 가장 중요한 인물은 마리오 트론티였다. 노동자주의적 마르크스주의는 목전의 생산과정에서 벌어지는 자본과 노동의 직접적 충돌에 초점을 맞췄다. 트론티는 자본가의 전략과 프롤레타리아의 전략의 상호작용을 탐구했다. 그래서 그는 미국의 뉴딜 정책 하에서 발전한 케인스적 복지국가를 19세기 말과 20세기 초의 제2차 산업혁명 시기에 형성된 '대중 노동자'에 대한 대응이자 그들을 통합시키려는 시도라고 봤다.[17]

'노동자주의'는 1960년대와 1970년대에 이른바 자본주의적 노동과정에 주목한 다양한 마르크스주의 이론 경향들 중 하나였을 뿐이다. 독일의 '자본 논리' 학파는 또 다른 예였다. 이런 편향은 강력한 작업장 조직이 사용자와 노동조합 관료를 모두 거부했던 격렬한 산업 쟁의 시기에는 일리가 있었다. 1974년에 여전히 네그리는 공장이 "노동 거부와 이윤율 공격 모두에서 특권적인 장소"라고 썼다.[18] 그러나 1970년대 후반에 경제 위기와 '역사적 타협' 때문에 현장 노동자의 전투성이 와해되자, 그는 '노동자주의'의 이론적 개념을 유지하는 한편, 앱스가 지적하듯이 "사실상 이전의 이데올로기적 특징과는 정반대" 방향으로 나아갔다.[19] 이론적 변화의 핵심은 '대중 노동자' 개념을 '사회적 노동자' 개념으로 대체하는 것이었다.

네그리는 이제 자본주의 착취 과정이 사회 전체에서 일어나고 있고, 따라서 학생, 실업자, 임시직 노동자 같은 사회적·경제적으로 주변화한 집단을 프롤레타리아의 핵심 부문으로 봐야 한다고 주장했다. 실제로, 이런 집단에 비해 이탈리아 북부 대공장의 옛 '대중 노동자'는 특권적인 노동귀족처럼 보였다. 네그리의 다음 문구를 보면, 노동자는 임금을 받는다는 사실만으로도 경영자와 똑같은 착취자가 된다.

> 일부 노동자 집단, 일부 노동계급 부문은 높은 임금 수준과 기만적 조건에 여전히 매여 있다. 달리 말해, 그들은 수익에 해당하는 소득에 의지해 살고 있다. 그러는 한 그들은 자신의 경영주와 동일한 처지에서 프롤레타리아의 잉여가치를 훔치고 빼앗는다. 그들은 사회적 노동이라는 부정한 거래에 가담하고 있는 것이다. 그런 태도에(그리고 그런 태도를 뒷받침하는 노동조합 관행에도) 맞서 필요하다면 폭력을 사용해서라도 싸워야 한다. 봉급 소득자의 오만을 꺾어 버리기 위해 실업자들이 대공장 진입 투쟁을 벌이는 일이 빈발할 것이다![20]

이런 궤변이 그저 이론적 허튼소리였던 것만은 아니었다. 그것은 자율주의자와 노동조합원 사이에서 벌어지던 폭력적 충돌을 겉보기에 '마르크스주의'로 정당화하는 것이었다.[21] 취업 노동자를 공격하라는 선동은 좀 더 일반적인 폭력 예찬의 일부였다. 네그리는 다음과 같이 썼다.

프롤레타리아의 폭력이 공산주의에 대한 적극적 암시인 한 그것은 공산주의의 역동성이 지닌 필수 요소다. 이 과정의 폭력을 억제하는 것은 단지 그 역동성을 자본에 — 손발을 묶인 채 — 넘겨주는 것일 수밖에 없다. 폭력은 공산주의의 필요성에 대한 최초의, 즉각적인, 활력 있는 긍정이다. 폭력은 해결책을 제공하지는 않지만 근본적인 것이다.[22]

한편, 다른 이들은 이런 폭력 예찬론을 그 논리적 결론으로까지 밀고 나갔다. '붉은 여단'은 1970년대 초에 결성됐지만, 이탈리아 국가에 맞서 무장 테러 활동을 강화하도록 그들을 부추긴 것은 1977~78년의 폭력과 절망의 분위기였다. '붉은 여단'의 가장 극적인 행동은 1978년 봄에 기독민주당의 지도자이자 전前 총리 알도 모로를 납치·살해한 일이었다. '붉은 여단'은 국가 관료만 표적으로 삼은 게 아니라, 국가에 협조하고 있다고 '붉은 여단'이 간주한 노동조합원까지도 표적으로 삼았다. 이런 전술은 공산당이 시민적 자유를 대폭 제한하는 정부 조처를 적극 지지한 것 때문에 그럴싸하게 정당화됐다. 그러나 그 결과 극좌파 전체가 고립됐고, 혹독한 탄압 물결이 몰아쳐 '붉은 여단'은 궤멸됐고 그 조직원을 포함한 많은 사람들이 수감됐다.

좌파가 분열하고 약화한 데다 이탈리아공산당과 공모해 득을 본 사용자들이 공세를 펴기 시작했다. 1979년 10월에 피아트는 토리노의 미라피오리 공장 활동가 61명을 폭력 행사 혐의로 고소·고발하고 해고했다. 이듬해 9월 피아트는 가장 전투적인 작업장 소속의 노동자 1만 4000명을 해고할 계획을 발표했다. 공산당 지도부조차 이 공격이 나머지 노동자 운동뿐 아니라 자신도 약화시킬 것임을 알았다. 베를링궤르는 공장 출입문으로 가서 공장 점거 지지를 선언했다. 그러나 그는 [자본가들에게] 이미 용도 폐기돼 버린 상태였다. 피아트는 토리노 노동자의 분열을 이용해 압도적 승리를 거뒀다. 모두 2만 3000명의 조합원(그들 중 많은 사람이 투사였다)이 해고당했다. 앱스는 이 전투와 1984~85년 영국 광원 대파업을 비교했다. "피아트의 진정한 목적은 공장의 전체적 세력 균형을 뒤집어, 자신들이 1969년에 빼앗긴 노동자와 생산과정에 대한 통제력을 되찾는 것이었다."[23] 이런 목표를 달성한 것은 1980년대에 이탈리아 자본주의가 재기할 수 있는 발판이 됐고, 그 가장 대표적인 상징은 실비오 베를루스코니의 등장일 것이다.

네그리가 마르크스를 푸코로 고쳐 쓰다

네그리는 이런 패배의 피해자 중 한 명이었다. 그는 1979년 4월에 '붉은 여단'과 모로 납치를 배후 조종했다는 날조된 혐의로 파도바에서 체포됐다. 그는 재판도 받지 못한 채 4년 동안 감금당했다가, 1983년에 자유지상주의적인 급진당 소속으로 국회의원에 당선한 뒤에야 석방됐고, 그 뒤 프랑스로 망명했다. 1984년 네그리는 궐석재판에서 징역형을 선고받았다.[24] 그해에 아마도 네그리의 가장 중요한 책이라고 할 수 있는 《마르크스를 넘어선 마르크스》가 영어로 출간됐다. 이 책은 1978년에 네그리가 루이 알튀세르의 초청을 받아 파리고등사범학교에서 한 세미나에 바탕을 둔 것인데, 이탈리아 좌파가 재앙을 겪고 있던 바로 그 순간에 쓴 것이었다.

《마르크스를 넘어선 마르크스》의 영어판 편집자는 이 책을 "단연코 … 유럽 마르크스주의에서 가장 중요한 문헌 중 하나"라고 선언했다.[25] 이런 열렬한 찬사는 적어도 그 책의 포부에 매료됐다는 것이다. 네그리가 실제로 하고자 한 일은 마르크스주의를 역사 변화의 원동력에 대한 포괄적 이론이 아닌 단순한 권력 이론으로 환원하는 것이다. 그는 '그룬트리세', 즉 《정치경제학 비판 요강》 독해를 바탕으로 그렇게 한다. 마르크스가 1857~58년에 쓴 《요강》은 일련의 방대한 초고인데, 10년 뒤 《자본론》 제1권으로 완성된다.

그러나 네그리는 《자본론》을 결함투성이 저작으로 본다. "비판을 경제 이론으로 환원하고, 주체를 객관적 실재성 속으로 소멸시키고, 프롤레타리아의 전복 능력을 자본주의 권력의 재편과 억압적 지성에 종속되게 만든" 책이라는 것이다. 여기서 핵심 단어는 "주체"다. 네그리는 역사를 서로 경쟁하는 계급 주체(자본과 노동) 간의 충돌인 "집단적 세력 관계로 환원"한다. 곧, 《요강》의 목표는 이윤을 추구하는 자본가 주체의 이론에 반대하는 노동계급 주체의 이론이다."[26]

네그리가 《요강》과 《자본론》의 차이점에 주목한 최초의 논평가는 결코 아니다. 일부 논평가는 네그리와는 정반대되는 《요강》 독해를 제시했다. 즉, 《요강》은 자본을 자율적이고 자기 재생산하는 존재로 취급하는 지나치게 '객관주의적인' 마르크스주의를 드러낸다는 것이다.[27] 가장 탁월한 해석은 《요강》을 마르크스가 후기 저작들에서 정교화하고 수정한 경제 개념을 위한 실험실 비슷한 것으로 여긴다.[28] 네그리는 이런 해석을 모르지는 않지만, 무감각하기 이를 데 없는 방식으로 기각한다. 그래서 네그리는 《요강》에 대한 우크라이나 트로츠키주의자 로만 로스돌스키의 "선구적 작업"을 인정하면서도 [로스돌스키의 작업은] "양차 대전 사이 공산주의 좌파의 이데올로기, 즉 한편으로 극단적 객관주의와 다른 한편으로 마르크스주의의 정설을 되찾아 그 객관주의의 기초로 삼을 필요성"이라는 한계를 벗어나지 못했다고 간단히 처리하고 넘어간다.[29]

네그리의 마르크스 독해는 사실상 마르크스의 핵심 명제 일부를 체계적으로 고쳐 쓰는 것이다. 다음의 세 가지 예면 충분할 것이다.

(1) **이윤율 저하 경향의 법칙**: 당연하게도, 이 이론은 마르크스의 자본주의 위기론의 토대. 그러나 과거에 '노동자주의자'일 때도 그랬지만 네그리는 자본주의 생산양식의 전개를 자본과 노동의 직접적 충돌로 환원한다. 그래서 그는 "이윤율 저하 경향은 산 노동이 이윤의 권력에 맞서 일으키는 반란을 보여 준다"고 주장한다. 네그리는 마르크스가 《자본론》 3권에서 그런 경향[이윤율 저하 경향]을 경쟁적 축적의 결과로 이해했다는 것을 아주 잘 알고 있다. 경쟁적 축적 때문에 자본가들은 노동력보다 생산수단에 더 많이 투자하게 되고, 그 결과 (노동이 잉여가치의 원천이므로) 이윤율이 하락한다. 그러나 네그리는 이런 식으로 개념화한다면 "모든 관계는 경제주의적 수준으로 어그러질 것이고 부적절하게 객관화할 것"이라고 주장한다.[30]

(2) **임금 이론**: 위기를 자본과 노동의 직접적 충돌의 결과로 직결시키는 이론은 모두 임금에 커다란 중요성을 부여하기 쉽다. 예컨대, 이런 이론은 1970년대에 발생한 전후 첫 주요 위기를 이른바 임금 인상에 의한 이윤 압박으로 설명한다. 잘 조직된 노동자들이 완전 고용의 이점을 이용해 임금을 인상한 결과 이윤율이 감소해 위기가 발생했다는 것이다.[31] 이런 종류의 설명은 임금을 자율적 요인으로 다뤄야 한다는 생각을 함축한다. 그래서 네그리는 다음과 같이 주장한다. "《요강》에서 분명하게 나타나기 시작한 여러 주제를 이어받아 임금이 《자본론》 1권에 실제로 등

장할 때, 임금은 '독립 변수'로 등장한다. 임금 법칙은 자본주의 발전에 포함된 노동에 대한 반란이 주체로 응축되는 데서 비롯하는 것이다."[32]

이것은 놀라운 구절이다. 마르크스가 《자본론》 1권에서 실제로 말한 것은 정확히 그 반대다. 곧, "수학적으로 말하면, 축적률은 종속 변수가 아니라 독립 변수다. 그리고 임금률은 독립 변수가 아니라 종속 변수다."[33] 자본가들이 투자율을 지배함으로써 실업률도 결정하므로 임금은 자본 축적의 종속 변수다. 자본가는 전투적 노동자에 맞서 투자 파업을 일으켜 실업을 늘려, 계급 세력 균형을 자신에게 유리하게 바꿀 수 있다. 실업의 위협에 직면한 노동자는 낮은 임금과 더 일반적으로는 착취율 증대를 받아들이라는 압력을 받게 된다. 이것이 바로 1970년대 중반 이래 이탈리아에서(그리고 유럽 자본주의의 또 다른 약한 고리인 영국에서도) 일어났던 일이다.

(3) 절대적 주체로서의 노동계급: 마르크스의 임금론에 대한 네그리의 명백한 오독은 더 심각한 개념 수정을 보여 주는 징후다. 네그리는 자본주의를 노동과 자본의 적대 관계로 규정하지만, 그 관계에서 "모든 부의 원천이자 잠재력으로서 노동, 즉 주체로서의 노동"에 우위를 부여한다.[34] 이것은 다시 한 번 마르크스의 견해와 정면으로 모순되는데, 마르크스는 특히 "고타 강령 비판"에서 노동이 모든 부의 원천이라는 생각을 비판한다. 곧, "노동

은 모든 부의 원천이 아니다. 자연도 노동과 마찬가지로 사용가치(확실히 물질적 부는 사용가치로 이뤄진다)의 원천이며, 노동 자체는 하나의 자연력인 인간 노동력의 발현일 뿐이다."[35]

네그리가 노동을 일종의 절대적 주체로 둔갑시킨 것은 그의 위기 이론에도 나타난다. 그는 "이윤율 하락 법칙은 필요노동이 고정된 양이라는 사실에서 비롯한다"고 주장한다. 즉, 자본가들이 노동일에서 필요노동의 몫(노동력 재생산에 필요한)을 줄여 착취율을 높이려 할 때 그들은 "종속되는 것을 점점 더 꺼리고, 쥐어짜기가 점점 더 어려워지는 세력"과 대면한다. 이런 완강한 저항은 "자본의 발전으로부터의 노동계급의 자율"을 뜻한다.[36]

물론 마르크스는 신이 아니다. 마르크스 이론은 신성불가침이 아니므로, 그의 이론을 수정하는 것이 죄는 아니다. 우리를 염려하게 하는 문제는 네그리의 수정 방향이고, 그런 수정 덕분에 우리가 현대 세계와 더 효과적으로 대결할 수 있느냐는 것이다. 결정적인 점은, 네그리가 마르크스주의를 권력 이론으로 탈바꿈시키려 한다는 점이다. 그래서 그는 "자본주의의 관계는 직접적으로 권력 관계"라고 주장한다. 네그리는 《요강》이 화폐에 관한 장황한 논의에서 시작한다는 사실에 각별한 중요성을 부여한다. 거기에서 마르크스는 "화폐에 대한 비판에서 권력에 대한 비판"으로 나아간다는 것이다.[37]

즉, 마르크스가 화폐에 초점을 맞춤으로써 자본을 곧장 일종의 권력 형태로 보고 그것과 씨름하고 있다고 말해야 한다는 것이다. 자본주의 하에서 화폐 발전 — 그 절정은 신용 제도(요즘 말로 금융 시장)다 — 은 생산의 사회화를 매우 왜곡되고 적대적인 형태로 나타낸다. 마르크스는 《요강》을 화폐 논의로 시작하면서 "사회적 자본의 경향적 제도"를 다룬다. 그래서 그는 자본주의가 이후 "점점 더 사회적인 생산 형태로 발전하고, 그런 생산 형태에서는 가치의 현대적 기능이 필요노동과 축적의 사회적 부분에 대한 명령·지배·개입 기능으로 탈바꿈할 것"이라고 예측할 수 있다. 여기에서 국가는 "시민사회의 종합"이다.[38]

따라서 네그리는 마르크스가 《요강》에서 케인스적 복지국가의 등장을 예측한다며 다음과 같이 주장한다.

> 마르크스는 매우 빈번하게, 특히 《요강》에서, 국가를 말하는 것은 다른 방식으로 자본을 말하는 것일 뿐이라고 지적했다. 생산양식의 발전을 고찰하게 되면 국가를 말하는 것이 자본을 말하는 유일한 방식임을 알게 된다. 예컨대 사회화한 자본, 즉 권력이 증대되면서 축적이 이뤄지는 자본, 그리고 명령 이론의 변화, 또한 유통의 시작과 다국적기업들의 국가가 발전하는 것.[39]

여기에서 네그리는 '집합적 자본가'가 추구하는 전략에 대한 노동자주의(오페라이스모)의 전통적 집착으로 되돌아간다. 그 전략은 점점 더 국가를 통해 포드주의 생산 조립라인의 '대중 노동자'를 억제하고 지배하는 것이다. 그러나 네그리는 '대중 노동자'를 '사회적 노동자'로 대체함으로써 이 분석과는 근본적으로 다른 견해를 제시한다. 곧,

> 가치 형태의 자본주의적 대체(마르크스가 실질적 포섭 과정이라고 불렀던 것)는 생산관계 전체를 혼란에 빠뜨려 버린다. 그것은 착취를 세계적 사회관계로 탈바꿈시킨다. 감옥은 공장과 똑같다. … 사실, 실질적 포섭 작용은 [계급] 적대를 없애기는커녕 오히려 사회적 수준으로 옮겨놓는다. 계급투쟁은 사라지지 않는다. 오히려 계급투쟁은 일상생활의 모든 계기로 변한다. 프롤레타리아의 일상생활 전체가 자본의 지배에 반대하는 것이라고 할 수 있다.[40]

따라서 계급투쟁은 도처에 존재하며, 프롤레타리아트도 마찬가지다. 자본의 지배를 삶의 조건에서 경험하는 사람은 모두 노동계급의 일부다. 생산과정 내에서 벌어지는 계급투쟁의 논리는 '노동 거부'를 함축한다. 노동자들이 임금 관계 자체를 반대하는 반란을 일으키는 것 말이다. 이것은 암묵적으로 공산주의적이다. 왜냐하면 공산주의는 단지 '노동의 폐지'일 뿐이기 때문이다. 생산과정 내에서 자신들의 힘을 강력하게 보여 주는 노동자들은 자기들이 지배하는 공간을 만들어 내는 것이다. 네그리는 그 노

동자들이 "자기 가치를 증식"하게 되는 것이어서, 자신들의 욕구 실현과 임금 노동 사이의 연결 고리를 끊어 버리는 것이라고 주장한다. 이런 노동 거부와 '사회적 자본'의 대결은 점점 세력 관계로 환원된다. 곧, "자본과 세계적 노동력이 완전히 사회적 계급 — 각각 독립적이고 자기 가치 증식 활동을 할 수 있는 — 이 되면, 가치 법칙은 그 세력 관계의 역량(포텐차)과 폭력을 표현할 수밖에 없다. 가치 법칙은 세력 관계의 종합인 것이다."[41]

점점 폭력적인 이런 대결이 도처에서 벌어진다. 곧, "생산, 직업시장, 노동시간, 에너지 구조조정, 가정생활 등의 자본주의적 편제에 반대하는 투쟁, 이 모든 것은 대중, 공동체, 생활 방식의 선택을 포함한다. 오늘날 공산주의자가 된다는 것은 공산주의자로서 산다는 것을 뜻한다."[42] 그리하여 역설이게도, 원래 생산 현장의 투쟁에 집착하던 형태의 마르크스주의가 홱 뒤집혀 그 정반대로 바뀌어, 권력 관계와 사회운동의 다양성에 집착하는 포스트마르크스주의와 훨씬 더 가깝게 됐다.

실제로, 네그리는 자기식 마르크스주의와 포스트구조주의를 매우 분명하게 연결한다. 그는 다음과 같이 선언한다. "잉여가치 이론은 [계급] 적대를 권력의 미시물리학으로 분해한다."[43] 1970년대 중반 바로 미셸 푸코가 일련의 핵심 저술에서, 지배는 다수의 권력 관계 속에 있고 그런 다수의 권력 관계는 모종의 포괄적 사회변혁으로는 없앨 수 없고(그런 변혁은 스탈린 치하 소련에서처럼 단지 새로운 지배 기구를 복귀시킬 것이다) 오로지 지역별로 분권화한 지역 기반 위에서만 저항할 수 있다는 사상에 근거해 마르크스주의에 대한 비판을 발전시켰다.[44] 여기에서 네그리가 한 일은 사회적 총체성을 다수의 미시적 실천으로 분해한 이 푸코를 계승해, 그것이야말로 마르크스 자신이 한 일이라고, 적어도 《요강》에서 한 일이라고 주장하는 것이다.

푸코를 이런 식으로 원용하는 것을 보면 네그리가 역사유물론을 권력과 주체의 이론으로 탈바꿈시켰음을 알 수 있다. 이런 이론 덕분에 네그리는 1970년대 후반 이탈리아 계급투쟁의 재앙적 진로를 무덤덤하게 관찰할 수 있었다. 그리하여 1977년에 네그리는 다음과 같이 썼다.

> 세력 균형은 역전됐다. … 노동계급과 노동계급의 사보타주가 더 강력한 권력이다. 그리고 무엇보다 합리성과 가치의 유일한 원천이다. 앞으로는 투쟁이 낳은 다음과 같은 역설을 망각하는 것은 이론적으로도 불가능하게 됐다. 지배 형태는 향상돼 최상의 것에 가까워질수록 더욱더 공허해진다. 또, 노동계급이 더욱 저항할수록 합리성과 가치는 더욱 충만해진다. … 우리는 다 왔고, 꺾이지 않을 것이고, 다수다.[45]

이 저항적 낙관주의는 참으로 감명 깊게 느껴질 것이다. 그러나 마르크스주의 이론이 정치적 지침과 책임감 있는 지도력을 제공하려 한다면, 계급투쟁의 변동을 정확히 나타내려 노력해야 한다. 같은 시기에 영국에서 토니 클리프는 자본에 유리해지고 있는 계급 세력 균형 변동에 대한 분석을 발전시키고 있었다.[46] 클리프가 네그리보다 상황을 더 정확하게 평가했음이 입증됐다. 사실을 직시하지 않으려는 네그리의 태도는 당시에 이탈리아 자율주의 운동 내부에서도 날카로운 비판을 받았다. 이를테면 세르지오 볼로냐는 다음과 같이 썼다.

> 많은 소규모(또는 커다란) 전투가 벌어졌지만, 그 과정에서 계급의 정치적 구성은 공장 내에서 상당히 변했고, 네그리가 가리킨 방향은 분명히 아니었다. … 요컨대, 개혁주의자들은 공장에 대한 헤게모니를 되찾아, 가혹하고 무자비하게 계급 좌파를 해체하고 공장에서 쫓아냈다.[47]

볼로냐는 네그리가 "착취로부터의 해방 과정을 통해 형성될 다른 사회의 모습을 지어내" 이탈리아 노동계급이 겪고 있던 실제 패배 과정을 그저 회피했다고 비판했다. 이런 오판은 사실 더 중대한 이론적 결함의 징후였다. 네그리는 근대 초기의 위대한 철학자 스피노자의 찬양자여서, 1970년대 말 첫 구속 때 스피노자에 대한 중요한 책인 《야만적 별종》을 썼다. 스피노자는 사건을 의지 행사의 결과로 설명하는 것에 매우 비판적이었다. 그 의지가 신의 의지든 인간의 의지든 상관 없이 말이다. 스피노자는 이런 접근 방식은 "무지의 피난처로 … 도피하는 것"이라고 말했다.[48] 그러나 이 비판은 바로 네그리의 마르크스 고쳐 쓰기에 적용될 수 있다. 역사를 서로 다투는 계급의 의지의 충돌('집합적 자본가' 대 '사회적 노동자')로 환원하는 것은 아무것도 설명하지 못하는 것이다. 객관적 맥락을 재구성해야 비로소 투쟁의 성격과 전개를 제대로 이해할 수 있다.

그래서 마르크스는 계급투쟁(목전의 생산과정 내부에서뿐 아니라 더 넓게는 사회에서 벌어지는)에 대한 설명을 자본주의 생산양식 전체에 대한 이론에 통합시켰다. 서로 다투는 계급의 충돌은 더 폭넓은 생산양식을 배경으로 해서만 이해할 수 있다. 네그리는 자본가들이 추상적인 지배욕만을 동기로 갖고 있다고 본다. 이와는 대조적으로, 마르크스는 부르주아지를 서로 경쟁에 휘말려 내부적으로 분열돼 있는 계급으로 개념화한다. 이것이 마르크스가 '다수 자본들'이라고 불렀던 — 바로 《요강》에서 (네그리는 이 구절을 부시하지만) — 영역이다. 이윤율 하락 경향은 그저 목전의 생산과정에서 벌어지는 노동과 자본의 충돌 때문이 아니라 자본가들에게 노동 절약 설비에 투자하도록 추동하는 경쟁 때문에 일어난다.[49]

네그리의 주의주의적 위기 이론은 노동자 투쟁이 고양되던 상황에서 전후 첫 주요 불황이 발전한 1970년대에는 피상적인 매력을 주었다. 그러나 그때조차 네그리의 위기 이론은 매우 부적절하게 위기를 설명했다. 당시 위기는 해당 사회의 투쟁 수준과 무관하게 일반적인 이윤율 하락을 반영했다. 서독과 미국도 이탈리아나 영국 못지 않게 경제 위기의 제물이 됐다. 전자의 나라들이 후자의 나라들보다 계급투쟁 수준이 훨씬 더 낮았는데도 그랬다.[50] 어쨌든 네그리의 이론은 노동계급의 전투성이 여전히 비교적 저조한 상황에서 발생한 지금의 세계적인 경제 침체를 설명하지 못한다.

게다가 마르크스는 자본주의적 생산관계가 존속하는 한 자본가들이 우월한 지위를 유지할 것이라는 점을 분명히 했다. 1970년대 말과 1980년대에 그랬듯이 자본가는 생산수단에 대한 지배력을 이용해 공장을 폐쇄하고 노동자를 해고하는 식으로 노동자를 약화시킬 수 있다. 그 때문에 생산 현장의 반란만으로는 충분하지 않은 것이다. 노동자에게는 사회 전체 수준에서 권력을 장악하고 자본을 몰수할 수 있는 일반화한 정치 운동이 필요하다.

지금까지 개진한 주장을, 바로 네그리가 거듭 비난하는 '객관주의' 혐의를 스스로 입증하는 것으로 이해해선 안 된다. 마르크스주의는 객관과 주관의 변증법을 기본 원칙으로 삼지, 그중 어느 하나를 다른 하나로 환원하지 않는다. "주체 없는 과정"을 말하는 알튀세르의 역사 개념처럼 주체를 객체로 환원하지 않는 한편, 마르크스주의를 주의주의적으로 고쳐 쓰는 네그리 이론처럼 객체를 주체로 환원하지도 않는다. 사회구조(결정적으로 생산력과 생산관계)는 인간 행위자가 성취할 수 있는 것에 한계를 부과하지만, 또한 인간 행위자가 세계를 개조하려 할 때 사용할 수 있는 잠재력을 제공한다.[51]

구성권력에서 제국으로

《마르크스를 넘어선 마르크스》는 네그리의 사상이 교착 상태에 빠졌음을 드러냈다. 그 저작은 1970년대 말에 완패한 정치운동의 지도적 원리를 이론적으로 분명하게 표현하려 했던 것이다. 1980년대와 1990년대 저작에서 네그리는 《마르크스를 넘어선 마르크스》에서 다뤘던 주제를 새로운 맥락 속에 자리 잡게 해 발전시키려 했는데, 이 시도는 《제국》에서 정점에 이른다. 이 시기의 저술은 많은 것이 근대 정치사상사에 주로 관심을 기울이고 있고, 이론상으로만 보면 그 자체로 가치가 있다. 그러나 그 문헌은 또한 네그리의 체계를 재구성하는 데 기여한다. 이런 성격을 간략하게 개관하면 몇 가지 요점이 분명히 부각된다.

네그리는 이미 《마르크스를 넘어선 마르크스》에서 이른바 '구성 원리'를 강조한 바 있는데, 네그리에게 '구성 원리'는 투쟁이 질적으로 새로운 구조(이것 자체도 더한층의 변혁을 일으키는 새로운 투쟁의 대상이 된다)를 창출할 수 있음을 가리킨다.[52] 네그리는 그 뒤 저술에서 이런 사상을 더한층 발전시킨다. 그는 르네상스의 휴머니즘에서 시작해 초기 근대 정치사상(가장 중요하게는 마키아벨리와 스피노자)을 거쳐 혁명의 시대에 점차 분명하게 표현되고 마르크스에서 정점에 이른 '구성권력' 개념(특정 구성 형식의 토대가 되고 사회·정치 구조를 만들고 개조하는 집단적 능력)의 발전을 추적한다. 사회·정치 구조의 형성과 개조에는 두 종류의 힘인 '포텐차'(프랑스어의 'puissance'에 해당함)와 '포테레'(프랑스어의 'pouvoir'에 해당함) 사이의 충돌이 수반되는데, 각각 대중(네그리가 점점 '다중'이라고 부른)의 창조적 역량 대 자본의 지배 간의 충돌이 그것이다.[53]

네그리는 매우 추상적인 구성권력 개념을 제시한다. 구성권력은 "존재의, 달리 말해 구체적인 사람, 가치, 현실의 제도와 질서가 지닌 창조적 역량[포텐차]이다. 구성권력[포테레]은 사회적·정치적인 것을 인식해 그 둘을 존재론적으로 결합함으로써 사회를 구성한다." 네그리는 마르크스가 자본이 본원적 축적의 시기에 폭력적으로 새로운 형태의 사회를 창조했을 뿐 아니라 그 뒤 다중에 본질로 내재하는 창조적 협동 능력을 활용하는 식으로 자본 속에서 구성권력이 작용함을 간파했다며 다음과 같이 주장한다.

협동은 사실 다중의 활기차고 생산적인 맥박이다. … 협동은 혁신이고 재산이다. 따라서 다중의 표현을 규정하는 창조적 잉여의 토대다. 다중의 분리 위에서, 다중의 소외 위에서, 다중에 대한 생산적 수탈 위에서 명령이 구성된다.[54]

마르크스 이론에서 자본이 전유하고 착취하는 협동 노동은 말할 나위 없이 노동계급의 노동이다. 네그리는 마르크스의 주제들을 더 추상적인 철학 용어로 다시 구성함으로써 그 주제들이 일으키는 반향을 이용할 수 있는 한편(예컨대 자본이 남의 창조력에 기생한다는 생각), 이해하기 쉬운 계급 분석을 퇴장시킨다. 그러나 네그리의 1970년대 저작에서 나타났던 경향, 즉 대중의 주체성을 절대화하는 경향은 여기에서도 나타난다. 그래서 그는 다음과 같이 말한다. "처음부터 끝까지, 그 위기 속에서와 마찬가지로 그 기원에서도 구성권력의 실천은 모두 스스로 자기 역량[포텐차 — 캘리니코스] 과정의 절대적 주체가 되고자 하는 다중의 긴장을 드러낸다."[55]

그러나 네그리는 초기 저작에서 나타나는 주권주의를 넘어 구성권력의 "온전한 행위 방식에 적합한 주체"를 어떻게 알아볼 수 있는가 하는 물음을 던진다. 네그리가 생각하기에 그 대답은 '제2의 푸코'에게서, 특히 푸코의 《성의 역사》에서 찾을 수 있다. 그래서 네그리는 다음과 같이 말한다. "푸코가 묘사했듯이, 인간은 절대적 해방의 능력을 가져다주는 저항의 총체로 등장하며, 이는 삶 자체와 삶의 재생산을 표현하지 못하는 그 어떤 목적론으로도 이해할 수 없다. 인간의 삶은 스스로 해방되는 것이며, 삶을 제한하고 구속하는 모든 것에 저항한다."[56]

역사의 온전한 주체가 되려고 분투하는 다중이 바로 삶의 표현이다. 이처럼 네그리는 일종의 생기론(즉, 모든 물리적·사회적 세계 전체를 근원적 생명력의 표현으로 여기는 형이상학적 이론)을 바탕으로 자신의 주관주의를 주창하려 한다. 사실, 네그리는 이 대목에서 푸코보다는 프랑스 포스트구조주의의 또 다른 핵심 인물인 질 들뢰즈에게 더 많이 빚을 지고 있다. 푸코는 자신의 권력 이론의 철학적 함의와 맞닥뜨렸을 때 혼란에 빠지지는 않았어도 얼버무려 회피할 것이기 때문이다.[57] 들뢰즈는 특히 펠릭스 가타리와 함께한 주요 이론 작업인 《자본주의와 정신분열증》 하권인 《천 개의 고원》에서 욕망을 삶의 표현으로 이해했다. 비록 역사적으로 특정한 권력군群 속에 끊임없이 한정되고 계층화하지만, 욕망은 역시 끊임없이 그 권력군群을 전복하고 선수를 친다.

들뢰즈는 20세기 초 프랑스 생기론 철학자인 앙리 베르크손에게 빚을 지고 있다고 공개적으로 인정한다. 그러나 들뢰즈의 생기론은 '물질 생기론'이다. 들뢰즈의 물질 생기론에 따르면, '물질에 고유한 생명'이 있고 그 속에서 물질이 액화해 흐르는 것이다. 사실, 물질은 욕망과 구조가 같다. 욕망은 권력의 위계를 구획한 경계를 끊임없이 넘나든다. 그래서 들뢰즈는 유목민을 권력에 대한 저항의 본보기로 여긴다. 국가의 추진력은 '영토화'다. 영토화는 욕망을 권력군群 안에 가두고 특정 영토 안에 얽매는 것이다. 유목민의 추진력은 '탈영토화'하는 것, 즉 경계를 넘고, 위계 구조에서 벗어나는 것이다. "사실, 유목민의 기본적 투지는 매끄러운 공간을 차지하고 유지하는 것이다." 그러나 현대 자본주의 세계경제의 특징도 바로 탈영토화 경향이다. 곧, "세계는 또다시 매끄러운 공간(바다, 하늘, 공기)이 된다."[58]

이 매끄러운 공간이 제국의 공간이다. 하트와 네그리는 자신들이 《천 개의 고원》에 빚을 지고 있음을 분명히 인정한다.[59] 더 일반적으로 말해, 네그리는 들뢰즈의 생기론을 이용해 전에는 자기 나름의 마르크스주의에 없었던 철학적 토대를 놓는다. 그러나 그 대가는 비싸다. 왜냐하면 들뢰즈가 제공한 것은 매우 사변적인 형태의 형이상학이기 때문이다. 그래서 네그리의 후기 저작에는 다니엘 벤사이드가 "초월이 없는 이상한 신비주의"라고 일컬은 것이 엿보인다.[60] 이 점은 네그리의 최근 지작인 《제국》에 가장 잘 들어맞는다. 《제국》은 나름으로 괜찮은 책이다. 문체도 아름답고, 서정적 문구와 흥미로운 통찰도 가득하다. 그러나 《제국》에는 심각한 결함이 있다.

《제국》의 범위와 복잡성 때문에 나는 주요 주제에만 초점을 맞출 것이다. 특히 세 가지가 눈에 띈다. 첫째, 하트와 네그리는 경제의 세계화 때문에 국민국가가 세계 자본의 도구로 전락했다는 이른바 초세계화론을 받아들인다. 그래서 하트와 네그리는 다국적기업에 대해 다음과 같이 쓴다.

> 그들[다국적기업들]은 영토와 주민을 직접 배치하고 통합한다. 그들은 국민국가들을 자신들이 움직이는 상품·화폐·주민의 이동을 기록하는 단순한 도구로 전락시키는 경향이 있다. 초국적 기업들은 노동력을 다양한 시장에 직접 배분하며, 자원을 기능적으로 할당하고, 세계적 생산의 다양한 부문을 위계적으로 조직한다. 투자를 선별하고 금융·통화의 흐름을 좌우하는 복잡한 기구가 세계 시장의 새로운 지도, 즉 세계의 새로운 생물학적·정치적 구조를 사실상 결정한다.[61]

그러나 국민국가가 쇠퇴한다고 해서 정치권력이 사라지는 것은 아니다. 그러기는커녕, 하트와 네그리가 제국이라고 부른 새로운 형태의 정치적 주권이 출현한다. 곧,

> 제국주의와 달리 제국은 영토적인 권력 중심을 결코 만들지 않고, 고정된 경계나 장벽에 의지하지도 않는다. 제국은 개방적이고 팽창하는 자신의 권력 안에 세계 전체를 점차 통합하는, 탈중심적·탈

영토적 지배 기구다. 제국은 명령 네크워크를 조율함으로써 혼종적 정체성, 유연한 위계 질서, 다양한 교환을 관리한다. 제국주의적 세계 지도의 뚜렷한 국민적 색깔은 제국의 전 세계적 무지개 속에서 뒤섞일 것이다.[62]

하트와 네그리가 이 책에서 사용하는 언어('혼종성', '다양성', '유연성' 등)는, 우리가 착취자와 피착취자 사이의 양극화가 뚜렷하게 존재하는 자본주의를 넘어섰다는 생각을 전파하고자 하는 포스트모더니스트의 용어다. 네트워크라는 은유는 거의 변호조로 현대 자본주의를 설명할 때 널리 사용된다. 그 은유가 권력의 위계와 집중이 없어졌다는 것을 환기시키는 구실을 하기 때문이다.[63] 하트와 네그리는 그런 말을 살짝 비틀어 비판적으로 사용하는데, 그런 말이 자본주의적 지배의 새 국면을 나타낸다고 주장한다. 그들에 따르면, 새로운 형태의 자본주의 지배는 (현대 자유주의적 사회의 특징이라고 흔히 예찬되는) 혼종성과 다문화주의에도 불구하고 작동하는 게 아니라 오히려 그런 특징들을 **통해** 작동한다. 곧, "근대성의 변증법이 끝났다고 해서 착취의 변증법도 끝난 것은 아니다. 오늘날 인류는 거의 다 어느 정도 자본주의적 착취의 네트워크 안에 흡수되거나 그 네트워크에 종속된다."[64]

하트와 네그리는 '삶정치'라는 푸코의 용어를 빌려, 개인들을 주체로 만들고 그들에게 적절한 동기를 부여하는 식으로 내부에서 작동하는 지배 형태를 언급한다. 곧, "이제 권력은 생명 의식과 창조 욕망에서 자동 소외 상태가 되게끔 두뇌(소통 체계, 정보 네크워크 등에서의)와 신체(복지 체계, 감시 활동 등에서의)를 직접 조직하는 기구를 통해 행사된다."[65] 이렇게 보면, 채널4의 〈빅 브라더〉가 조지 오웰의 빅 브라더보다 더 위험하다. 상동 행동[같은 동작을 일정 기간 반복하는 것]과 조종되는 행동에 참여하는 것을, 자발적으로 하는 진짜 즐거운 활동이라고 믿게 해 주기 때문이다.

그러나 현대 자본주의의 본질을 이해하려면 더 오래된 개념과 모델이 필요하다. 인권 같은 보편적 가치를 앞세워 국민 주권을 무시하며 점점 더 무력을 사용하는 것은 제국 주권이 등장(더 정확히 말하면 재등장)했다는 징후다. 고대 그리스인과 로마인이 이해했듯이, 제국에는 한이 없다. 제국은 어느 한 국가의 소유물이 아니다. 심지어 미국의 소유물도 아니다. 걸프 전쟁 때 [1991년 1월] 미국은 "자국의 국가적 이유를 앞세운 것이 아니라 세계적 권리의 이름으로" 개입했다. 3중의 새로운 초국가적 권력 구조는 로마 제국을 군주정·귀족정·민주주의의 결합으로 묘사한 그리스 역사가 폴리비우스의 묘사와 일치한다. 꼭대기에는 '군주제' 기구로 미국, 주요 7개국[G7], 나토·IMF·세계은행 같은 국제기구가 있다. 그 밑에는 '귀족' 엘리트에 해당하는 다국적기업과 국민국

가가 있다. 끝으로, 인민을 대표한다는 '민주적' 기구로 유엔 총회와 NGO 등등이 있다.[66]

둘째, 하트와 네그리는 이 지나치게 복잡한 구조의 역사적 위상을 어떻게 보는가? 그들은 다음과 같이 단언하며 강조한다. "제국은 제국에 선행했던 권력 구조에 대한 향수를 근절하기 위해, 그리고 세계적 자본에서 국민국가를 지키거나 부활시키려 하는 등의 낡은 합의로 복귀하는 것을 수반하는 정치 전략 일체를 거부하기 위해 필요한 일보 전진이다." 하트와 네그리는 이 견해를 자본주의 자체의 역사적 진보성에 대한 마르크스의 강조와 비교하지만, 그들은 그 이상의 것을 연관시키고 있다. 곧, "다중이 제국을 생기게 했다." 하트와 네그리가 (또다시 푸코를 본따) '훈육사회'라고 부른, 뉴딜로 만들어진 사회에서는 자본과 국가가 규칙으로 사회 전체를 지배한다. 그런데 이 훈육사회는 1960년대 후반에 "국제 자본주의 체제에 대한 프롤레타리아적·반자본주의적 공격들이 합류하고 누적된 결과"로 위기에 빠졌다.[67]

제국의 기원에 대한 이런 주장은, 앞서 봤듯이 네그리가 1970년대에 옹호했던 주의주의적 위기론의 강화판이다. 곧, "프롤레타리아의 권력은 자본에 한계를 부과할 뿐 아니라 변혁의 조건과 성격을 좌우한다. 프롤레타리아는 자본이 미래에 채택해야만 할 사회적·생산적 형태를 실제로 만들어 낸다." 제국의 경우, 미국 노동계급이 전위 구실을 했다고 한다. 곧, "이제 국제 자본주의 명령의 패러다임 변화에 관해서는 미국의 프롤레타리아가 국제 또는 다국적 노동자의 욕망과 필요를 가장 충실하게 표현하는 주체로 등장한다."[68]

이 일반적 테제는 이탈리아 노동자주의 운동 내부에서 오래 계속된 강조점을 반영한다. 가령 《제국》이 출판되기 30년 전에 트론티는 다음과 같이 주장했다. 노동의 주도권 덕분에 자본이 자신의 이해관계를 이해할 수 있게 됐고, "유럽 노동자들은 현재의 요구를 성취하기 위한 가장 선진적 행동 모델을 그들에 앞서 1930년대 미국 노동자들이 채택한 승리 비결, 즉 적을 패퇴시키는 방법에서 찾는다."[69] 그러나 트론티가 뉴딜 시기에 프롤레타리아 권력이 창출한 것으로 본 케인스적 복지 자본주의는 하트와 네그리가 보기에 1960년대와 1970년대 노동계급의 반란 때문에 붕괴해 제국에 자리를 내줬다.

셋째, 자본주의 발전의 이 새 국면에서 노동계급의 처지는 어떠한가? 하트와 네그리는 자본주의의 새 국면에서 착취와 억압이 끝났다는 생각은 거부하지만, 훈육사회가 '통제사회'로 대체됐다고 본다. 개인은 학교와 공장 같은 특정 제도 속에서 형성되는 것이 아니라, 사회 전체의 압력을 받아 스스로 훈육된다. 그와 동시에, 새로운 정보 기술 때문에 노동은 "비물질적"이 된다. 따라서 노동계급은 매우 모호한 용어로 이해될 수밖에 없다. 사실, 네그리는 이미 1970년대에 그런 용어로 노동계급을 이해했다. 곧,

"우리는 프롤레타리아를 자신의 노동이 직접 또는 간접으로 자본주의적 생산 양식과 재생산 양식에 의해 착취되고 그에 종속되는 사람을 모두 포함하는 광범한 범주라고 이해한다."[70]

이처럼 《제국》은 네그리식 마르크스주의의 이론적 범주를 유지하고 있다. 물론 그 범주의 내용은 바뀌었지만 말이다. 예컨대, 1970년대에 네그리는 사회적 노동자가 케인스적 복지 자본주의의 특징인 국가 통제 — 요즘이라면 그가 '훈육사회'라고 부를 — 때문에 생겨났다고 생각했는데 이제 사회적 노동자는 새로운 '정보 자본주의'의 산물이 됐다. 곧, "오늘날 포스트포드주의적이고 정보화한 생산 체제와 부합하는 노동자 전투성의 국면에서 **사회적 노동자**라는 인물상이 등장한다."[71] 그러나 하트와 네그리는 제국의 모순을 분석하려 할 때 대체로 스피노자의 다중 개념을 더 애용한다.

자본이 진정으로 세계적인 경우에 (로자 룩셈부르크가 예측했듯이) 자본은 한계에 봉착한다. 제국에서 "노동의 힘은 과학·소통·언어의 힘으로 채워지고", "생명은 모든 생산을 채우고 지배한다." 보통 말하는 그런 사회적 활동이 이제 경제적 잉여의 원천이다. 곧, "착취는 협동의 징발이고, 언어 생산의 의미를 무효화하는 것이다." 다중으로 표현되는 "존재의 근본적 생산성"에 비해 제국은 긍정적 실재가 전혀 없는 기생적 사회 구성체이자 부패 형태다.[72]

이렇게 네그리는 또다시 마르크스주의 개념을 느슨하고 은유적인 용어 — 들뢰즈의 형이상학과 융합될 여지가 충분한 — 로 재해석한다. 그리하여 하트와 네그리는 제국의 부정적·기생적 성격을 들춰낸다. 곧, "제국의 행위가 효과적일 때 그것은 제국 자신의 세력 때문이 아니라, 제국의 권력에 대한 다중의 저항에서 비롯한 반향에 의해 제국이 움직인다는 사실 때문이다. 이런 의미에서 사실은 저항이 권력에 앞선다고 말할 수 있다." 하트와 네그리가 인정하듯이, '저항이 권력보다 선차적'이라는 테제는 들뢰즈한테서 직접 끌어낸 것인데, 들뢰즈는 그 선차성을 생명의 "근본적 생산성"의 결과로 봤다.[73] 《제국》은 구체적 역사 분석서인 것 못지 않게 포스트구조주의 철학을 응용한 저작이기도 한 것이다.

제국의 한계

《제국》처럼 복잡하고 암시적인 책에 대해서는 당연히 많은 말을 할 수도 있다. 그래서 내가 보기에 그 책의 핵심적 약점이라고 생각되는 세 가지 논지에 집중하겠다.[74] 그 책이 제시하는 현대 자본주의 분석은 대개 분명치 못하며, 어떤 특정 사항에서는 크게 잘못된 생각을 내놓고 있다. 하트와 네그리는 자신들이 마르크스주의 전통을 따라 제국주의를 논의하고 있음을 표방한다. 그들은 노동자들이 다 구매할 수 없는 상품을 구매할 비자본주의적 '외부'가 자본주의에 필요하다는 룩셈부르크의 주장을 원용한다.[75] 그러나 하트와 네그리는 제국이 이런 외부를 없애고 전 세계를 자본의 지배 하에 통합시킨다고만 말할 뿐, 자본주의 발전의 이 국면 특유의 위기 경향에 대해서는 거의 말하지 않는다. 내가 위에서 언급한 철학적 일반론을 그런 위기 경향에 대한 설명으로 여기지 않는다면 말이다. 물론 네그리는 마르크스주의 경제학자들 사이의 대논쟁을 '객관주의'라고 일축할 것이다. 그 대논쟁은 제2차세계대전 후의 자본주의 역사에 대한 로버트 브레너의 해석으로 유발됐다. 그러나 《제국》은 자본주의 위기의 메커니즘이 오늘날에도 도대체 어느 정도로 작동하는지를 알고 싶어하는 사람들에게 별로 도움이 되지 않는다.[76]

게다가 《제국》은 한 가지 핵심적 사항에서 명백히 틀렸다. 하트와 네그리는 제국주의 간 갈등이 더는 현대 자본주의의 커다란 특징이 아니라고 주장한다. 곧, "몇몇 제국주의 열강들 사이의 갈등이나 경쟁이었던 것이 이제는 그들 모두를 과잉 결정하고, 그들을 통일된 방식으로 조직하고, 권리에 대한 명백히 탈식민지적·탈제국주의적인 통념에 따라 그들을 다루는 단일한 권력이라는 개념으로 대체됐다." 서로 경쟁하는 권력 중심이 있는 제국주의 대신에 들뢰즈가 "매끄러운 공간"이라고 부른 비인격적·분권적 권력 네트워크가 존재한다. 곧, "제국의 이 매끄러운 공간 속에 권력이 들어설 장소는 없다. 권력은 도처에 있지만 또한 아무 데도 없다."[77]

루트비히 비트겐슈타인이 형이상학의 구름이라고 불렀던 것에는 일말의 진실이 숨어 있다. 하트와 네그리는 제국을 주권의 한 형태로 정의하는 경향이 있다.[78] 주권 문제는 권력 행사를 도덕과 법률 면에서 정당화하는 문제다. 따라서 주권은 이데올로기 현상이다. 물론 모든 경우의 이데올로기가 그렇듯이 이데올로기는 실질적 효과를 낸다. 확실히 이데올로기 면에서 변화가 있다. 그래서 인도주의적 개입이라는 개념은 [자국의] 국익에 근거해서가 아니라, 타국 국민의 인권과 인도주의적 필요를 옹호해 그 국가의 권리를 침해하는 것이 허용된다고 단언한다. 더 폭넓게 말하면, G7·나토·유럽연합·WTO 같은 이른바 '지구적 거버넌스 형태들'의 발전은 주권의 혼종화를 뜻하며, 따라서 흔히 국가의 행위는 그 국가의 헌법 절차가 아니라 모종의 국제기구의 권위에 따라 정당화된다고 한다.[79]

그러나 이데올로기의 변화가 지정학적 권력의 실제 분포를 결정하는 것은 아니다. 주도적인 서방 자본주의 열강이 기존 국제기구를 지배한다는 점에서 국제기구는 지구적 권력의 위계적 성격을 반영할 뿐 아니라 그런 열강을 분열시키는 갈등의 영향으로 형성된다. 특히 미국이 일본과 유럽연합(그 자체가 전혀 동질적이지 않은 존재)의 이익을 거스르는 행동을 종종 한다. 주로 경제적·정치적 형태의 이런 경쟁은 미국과 중국·러시아가 서로 갈등을 빚도록 전개되는 지정학적 갈등 구조와 얽혀 있다. 서로 경쟁하는 자본주의 권력 중심들 간의 이런 심원한 적대를 알아보지 못한다면 현대 세계의 성격을 크게 오해하게 될 것이다.[80]

또한 이것은 하마터면 이 세계에 대한 변호론을 내놓을 뻔한 위험을 감수하는 것이다. 실제로, 이런 경향이 《제국》의 두 번째 커다란 약점이다. "매끄러운 공간", 즉 권력이 "도처에 있지만 또한 아무 데도 없"는 분권적 네트워크인 제국이라는 개념은 앤서니 기든스 같은 제3의 길 이론가들이 장려하는 사상과 그리 크게 다르지 않다. 기든스는 '정치적 세계화'가 경제적 세계화와 동반하고 세계 시장을 민주적 형태의 "글로벌 거버넌스"에 종속시킨다고 주장한다. 물론 하트와 네그리는 그런 생각을 비판하지만, 그들의 일부 공식은 사뭇 다른 정치적 목적에 적합하다. 그래서 특히 무신경한 친親블레어 이데올로그인 마크 레너드는 네그리와의 인터뷰를 열의를 갖고 발표했다. 레너드는 네그리가 "세계화는 집단 간의 환원주의적인 평등 추구의 기회라기보다는 자유와 삶의 질에 관심 있는 좌파 정치에" 기회라고 주장한 것을 들어 네그리를 칭찬했다. 사실, 그 말은 토니 네그리보다는 토니 블레어의 말처럼 들린다.[81]

네그리가 자신의 말을 다른 사람들이 긍정적으로 보는 것까지 책임질 수야 없겠지만, 그 자신이 레너드에게 다음과 같이 말한 것은 비판받을 수 있다. "문명국끼리 전쟁을 벌일 수 없다는 것이 엄청난 변화다. 그러나 이것은 기업인들이 가져온 변화가 아니다. 더는 기꺼이 전쟁터로 가지 않으려는 노동계급이 이탈한 데서 비롯한 것이다."[82] 분명 전쟁이 서방 자본주의 블록 내부에서 일어날 것 같지는 않다. 그 이유는 너무 복잡해 지금 여기서 다룰 수는 없다. 그러나 2001년 4월 남중국해에서 중국과 미국의 충돌을 초래한 정찰기(첩보기) 위기는 동아시아의 군비 증강과 지정학적 긴장 고조의 징후이고, 이 긴장은 장차 무력 충돌로 발전할 수도 있다. 최근 미국 안보 분석가 두 명은 대만을 둘러싼 미국과 중국의 긴장을 두고 다음과 같이 썼다. "아마도 지구상 어느 곳도 상황이 [남중국해만큼] 다루기 힘든 곳은 없으며, 미국이 참가하는 주요 전쟁이 일어날 가능성이 [그 지역만큼] 매우 현실적인 곳도 없다."[83] 만일 그런 일이 정말로 일어난다면 그것은 네그리가 '문명국'이라고 부른 국가(네그리가 이 용어를 비꼬는 뜻으로 썼기를 바라자) 간의 전쟁일 것이다. 선진 자본주의 세계 밖에서는 전쟁이 사라질 조짐이 안 보인다. 콩고민주공화국의 전쟁에서만 1998년 이래 지금까지 250만 명이 목숨을 잃은 것으로 추정된다.[84]

틀림없이 하트와 네그리는 이런 종류의 끔찍한 고통을 알고 있을 것이다. 두 사람의 요지는 지금까지 일어난 것과 같은 그런 전개가 '다중'의 승리라는 것이다. 그러나 이런 논지조차 네그리의 개인사와 직접 관련돼 있는 다음과 같은 점에서 변호론적인 함축이 있다. 1970년대와 1980년대에 자본주의가 대규모 구조 조정을 겪었고, 그 주요 측면 중 하나가 자본의 더 큰 세계적 통합이었다는 점을 아무도 부정할 수 없을 것이다. 그런데 이런 변화를 어떤 의미에서든 '다중'의 승리로 보는 것이 정말 옳을까? 그렇게 보는 것은 자본주의의 재편을 가능케 한 진정한 패배들(1979~80년 이탈리아 피아트 자동차 노동자들과 1984~85년 영국 광원 대파업의 패배, 그리고 자본이 기존 형태의 노동계급 조직들을 파괴하고 활동가들을 색출·퇴출하고 전에 도전받던 영역들에서 지배력을 재확립한 다른 투쟁들 일체)을 역사에서 삭제하는 것이다.

이런 역사를 인정한다고 해서 하트와 네그리가 주장하듯이 "세계화가 이전의 착취와 통제 구조의 진정한 탈영토화를 작동시키는 한에서는 세계화는 실제로 다중 해방의 조건"[85]이라는 것을 우리가 부정할 필요는 없다. 어떤 점에서 이것은 사실 마르크스주의의 기본이다. 자본주의의 현재 형태는 노동계급의 투쟁이 전개되는 맥락이 된다. 하지만 그렇다고 해서 [1980년대와 1990년대에] 자본주의의 자체 개혁 과정이 노동계급의 심각한 패배를 수반했다는 사실을 잊어도 되는 것은 아니다. 그런 패배들을 역사에서 지워 버리는 것이 네그리에게는 편리할지 모른다. 그렇게 하면 자신의 이론과 정치가 1970년대 말의 결정적 시험이 요구한 것과 얼마나 동떨어져 있었는지를 직면하지 않고 회피할 수 있기 때문이다. 그러나 진정한 마르크스주의는 보고 싶은 것만 보고 보고 싶지 않은 건 보지 않는 그런 선별적 시력을 용인할 수 없다.

과거 투쟁의 역사를 탐구하는 가장 중요한 이유는 우리가 지금 어떤 전략을 추구해야 할지를 명확히 하는 데 도움이 될 수 있기 때문이다. 그러나 《제국》의 셋째 주요 약점은 이 책이 독자들에게 아무런 전략적 조언을 주지 않는다는 것이다. 《제국》은 "전 세계 다중을 위한 정치 강령"으로 세 가지 요구를 제시하며 끝맺는다. "세계적 시민권", "모든 사람을 위한 사회적 임금과 [기본]소득 보장", "재전유권"이 그것이다.[86] 이 요구들의 가치를 논의할 수 있겠다. 첫째와 셋째 요구는 표현이 아주 불분명하고, 둘째 요구는 전혀 독창적인 것이 아니고 오늘날 좌경 자유주의 정치에서 흔한 것이다. 그러나 더 심각한 것은 이 강령을 실행할 수 있는 운동을 어떻게 발전시킬 것인지에 대한 논의가 전혀 없다는 것이다.

《제국》의 전략적 공백은 단지 세부 사항의 누락이 아니라 하트와 네그리의 심오한 가정을 일부 반영한다. 약간 기묘한 한 구절에서 두 사람은 "20세기 마지막 몇 년 새 벌어진 가장 급진적이고 가장 강력한 투쟁들", 가령 톈안먼 사건, 제1차 인티파다,

로스엔젤레스 소요, 치아파스, 1995년 프랑스와 1996~97년 한국의 파업 등이 "공통의 적에 대한 인식"이나 "공통의 투쟁 언어"를 공유하지 않았다고 주장한다.[87] 그러나 다른 투쟁은 어떤지 몰라도 사파티스타 반란과 1995년 11~12월 프랑스 운동은 공통의 정치 언어 요소들이 있었고, 두 경우 모두 신자유주의를 적으로 규정했다. 그래서 두 운동은 시애틀에서 가시화한 반자본주의 의식을 형성하는 데 일조했다.

(명백히 시애틀 시위 전에 《제국》을 쓴) 하트와 네그리는 다음과 같이 말하며 스스로 위안을 삼는다.

> 아마도 투쟁의 소통 불가능성, 잘 짜여진 소통 통로의 결여는 사실상 약점이라기보다는 강점일 것이다. 즉, 모든 운동이 즉각적 전복을 추구하고, 효과를 내기 위해 외부 도움이나 확장을 기다리지 않아도 되기 때문에 강점이다. … 제국의 건설, 그리고 경제적·문화적 관계의 세계화는 어디서든 제국의 가상적 중심을 공격할 수 있다는 것을 의미한다. 따라서 낡은 혁명 학파의 전술 집착은 완전히 구제 불능이다. 그 투쟁들에 적용할 수 있는 유일한 전략은 제국 내부에서 생겨나는 구성적 대항 권력의 전략이다.[88]

네그리는 다른 글에서 오래된 레닌의 격언을 거꾸로 뒤집어, "자본주의의 가장 약한 고리는 자본주의의 가장 강한 고리"라고 선언한다.[89] 그런데 이 말이 정말로 옳다면, 곧 현대 자본주의가 진짜로 동질적인 "매끄러운 공간"으로 그 속에서 권력이 균등하게 분포돼 있다면 전략이라는 개념은 별로 쓸모없을 것이다. 그러나 이는 분명히 참말이 아니다. 지구의 상이한 부분은 자본에게 상이한 중요성을 지닌다. 공정한 수단이든 더러운 수단이든 사하라 사막 이남 지역의 천연자원이 계속 추출되는 한, 아프리카 대륙의 대부분은 "요한의 묵시록"에 나오는 네 사자使者들[전쟁·기아·질병·죽음]에게서 벗어날 수 없다. 자본주의의 막대한 생산적 부가 집중돼 있는 지구상의 훨씬 더 작은 부분(여전히 주로 북미·서유럽·일본 그리고 몇몇 아시아와 남미 나라들)은 완전히 다른 문제다. 트로츠키가 '불균등 결합 발전'이라고 부른 과정이 현대 자본주의에서도 여전히 작동하고 있으며, 체제의 특정 지점에 부와 권력을 대규모로 집중시킨다. 이런 불균등성 때문에 적의 약점과 우리의 잠재적 강점을 인식하기 위한 전략적 분석과 논쟁이 필요하다.

전략적 사고는 레닌이 "역사상의 급격한 전환"이라고 불렀던 것, 즉 재빨리 깨닫기만 한다면 혁명적 운동에 뜻밖의 기회를 제공할 갑작스러운 위기에 대처하기 위해서도 필요하다. 그러나 네그리의 역사관 전체가 별나게 추상적이다. 곧, 다중은 특정 조건들, 누적된 모순들, 세력 균형의 미묘한 변화들(마르크스주의 전통의 위대한 정치적 저작들이 매우 훌륭하게 설명하고 있는)에 관계없이 영원히 자본에 맞선다. 여기에는 다니엘 벤사이드가 "전략적 이성"이라고 부른 것이 빠져 있다. 벤사이드는 다음과 같이 지적한다.

> 결정의 기예, 타이밍의 기예, 희망을 품게 하는 대안의 기예가 가능성의 전략적 기예다. 불가능하지 않은 것은 모두 가능할 것이라는 식의 몽상적인 추상적 가능성이 아니라, 구체적 상황에 의해 규정되는 가능성의 기예다. 즉, 각각의 상황은 저마다 고유하고, 결정의 순간은 언제나 그런 상황과 관련돼 있어, 달성해야 할 목표에 맞게 조정된다.[90]

이런 종류의 전략적 분석은 변혁의 주체를 찾는 시도와 분리되지 않는다. 이 대목에서 하트와 네그리는 도움이 될 만한 말을 거의 하지 않는다. 그들의 관점에서 볼 때 아마 다중 개념의 장점 중 하나는 천대받고 착취받는 사람들을 뚜렷한 사회적 위치도 없고 뚜렷한 형태도 없는 익명의 대중으로 식별하는 것이다. 그래서 그들은 "탈주, 탈출, 유목주의"를 민주적 힘이라고 선언하면서 다음과 같이 이주자와 난민을 찬양한다. "하나의 유령이 세상에 출몰하는데, 그것은 이주라는 유령이다." 넘쳐나듯이 국가 경계를 넘고 확고한 정체성을 모두 혼란시킴으로써 다중은 부패한 제국의 도시에 대항해 "지상의 도시"를 이룬다.[91]

이주가 오늘날 매우 중요한 사회·정치 현실이라는 점은 말할 나위 없다. 그러나 이주를 찬양하는 것은 오늘날 좌경 자유주의 학계에서 전혀 새롭지 않다. 다문화주의·혼종성·유목주의는 지난 10여 년간 가야트리 스피박과 호미 바바 — 네그리와 하트는 두 사람에게 동의하며 인용한다[92] — 같은 사이비 급진파 교수들이 경배하듯이 찬양한 주제였다. 포스트모더니즘 정설의 노쇠 조짐이 완연한 상황에서 《제국》이 포스트모더니즘에 새 생명을 불어넣는 위험을 무릅쓰는 대목이 이것만은 아니다.

대체로 전략 문제를 진지하게 다루지 못한 것 말고도 네그리는 자신의 해묵은 일부 오류로 되돌아가는 듯한 우려스러운 조짐도 보여 준다. 그는 다음과 같이 쓰고 있다.

자본주의적 권력 패러다임의 이런 변화를 노동계급과 프롤레타리아 운동 덕분으로 보는 것은 인류가 자본주의 생산양식으로부터의 해방에 가까워지고 있다고 단언하는 것이다. 그리고 그것은 국가사회주의와 신디컬리즘의 코포라티즘적 합의가 파탄 나는 것 때문에 악어의 눈물을 흘리는 사람들과 거리를 두는 것이다. 뿐만 아니라, 과거의 아름다움을 한탄하며, 피착취자의 분노와 — 종종 — 유토피아 아래에서 들끓는 질투심을 간직한 채 사회 개혁주의를 그리워하는 사람들과도 거리를 두는 것이다.[93]

이 구절을 부연 설명해 달라는 요청에 네그리는 노동조합원을 '쿨락'(1920년대 말에 스탈린이 농업 강제집산화를 추진하면서 '청산'하려 했던 부농)으로 묘사하고, 청년 실업자들이 공장 노동자를 공격했던 1977년이 그리운 듯이 말했다.[94] 이처럼, 조직 노동계급에 대한 적대감이 지난 20년 동안 네그리의 머리 속에 젤리처럼 남아 있었던 듯하다.

1981년에 네그리는 다음과 같이 썼다. "프롤레타리아의 기억은 과거의 소원함에 대한 기억일 뿐이다. … 코뮤니즘으로의 이행은 기억을 지우는 것이다."[95] 정치사상사 분야에 밝고 뛰어난 재능을 갖고 있음에도 네그리가 이렇게 말하는 까닭을 쉽사리 알 수 있다. 즉, 네그리의 과거를 비판적으로 살펴보는 시도는 모두 네그리가 — 그리고 자율주의 전체가 — 어떻게 1970년대에 이탈리아 좌파에게 아무 도움도 못 됐는지 보여 줄 것이다. 그렇게 과거를 직면하기를 회피하는 것은 한 개인의 도덕적 결함이라기보다는 네그리식 마르크스주의에 본질로 내재한 한계를 보여 주는 징후인 것이다.

내가 이 글의 서두에서 보여 주고자 했듯이, 자율주의는 생동하는 정치 세력이다. 다행히도 오늘날 '붉은 여단'식 단체는 존재하지 않는다. 그러나 '블랙 블록'의 거리 폭력 숭배에서든 아니면 '투테비앙케'의 좀 더 평화적인 전술에서든, 대중을 대리해 본보기적 행동을 한다는 생각은 여전히 영향력을 발휘하고 있다. 이런 행동은 대중 동원을 대체하는 구실을 한다. 하트와 네그리의 분석에서 노동계급은 — 지난 몇 년 동안 재편되며 변모했지만 여전히 매우 실질적 힘을 지니고 있는데도 — 확실한 형태가 없는 다중으로 녹았거나 특권적인 노동귀족이라고 매도당한다. 자율주의자들은 다중의 이름으로 행동하면서 노동계급은 우회하거나 적대하려 든다.

제노바는 자율주의 정치의 한계를 아주 분명하게 보여 줬다. 2001년 7월 20일 금요일에 '투테비앙케'의 직접행동은 대규모 경찰 병력의 공격을 받아 레드 존(G8 정상회담이 열린 경비가 삼엄한 구 시가지 구역)에 접근하지 못했다. '투테비앙케'의 리더 루카 카사리니는 당시 일을 다음과 같이 설명했다.

> 우리는 완전히 평화적으로 행진했지만 잔인 무도하게 공격당했다. 그들은 처음에는 최루탄으로 그다음에는 장갑차로 우리를 공격했고, 퇴로를 완전히 차단했다. 금요일 오후에 실로 지옥 같은 상황이 벌어졌고 사람들은 죽음의 공포를 느꼈다. … 탱크를 앞세운 공격이 시작되고, 최초의 총성이 들렸을 때 우리의 대응은 쓰레기통 뒤에 숨어 돌을 던지는 것이었다.[96]

특수 훈련을 받고 방탄복을 착용한 '투테비앙케'도 무장한 이탈리아 국가권력의 상대가 될 수는 없었다. '투테비앙케'의 행진에 참가했던 일부 혁명적 좌파를 포함해 수천 명의 시위대는 그 전투에서 수동적인 구경꾼이 돼 있음을 깨달았다. 제노바 시위 전에 '투테비앙케'는 다음과 같이 전통적 좌파 무용론을 선언했다.

마침내 사파티스트 운동이 20세기를 없애고 있다. 이것은 유럽 좌파의 이미지와 비타협적으로 확실하게 단절하는 것이다. 20세기 정치 전통에서 나타난 고전적 대립을 모두 뛰어넘는다. 개혁 대 혁명, 전위 대 운동, 지식인 대 노동자, 권력 장악 대 탈주, 폭력 대 비폭력 등의 대립 구도를 말이다.[97]

그러나 제노바 시위 뒤에 약간 겸손해진 카사리니는 1970년대식 테러리즘의 부활을 경고했다. 곧, "나는 테러리즘이 실제로 부활할까 봐 두렵다. 무장한 전위가 되고픈 유혹을 느낄 수 있는 개인과 소집단이 존재한다. … 지금 방향을 바꾸지 않는다면 우리는 몇 달 안에 깊은 수렁에 빠질 수도 있다."[98] 카사리니는 '투테비앙케'의 경험이 "지금 우리 앞에 있는 제국의 논리와 맞닥뜨리기에는 부적절한 것 같다"고 인정했고, "시민 불복종"에서 "사회적 불복종"으로 전환해야 한다고 주장했다.[99] 이것이 노동계급 운동에 참가하는 쪽으로의 변화를 뜻한다면 그것은 일보전진일 것이다. 제노바는 '투테비앙케'가 그토록 자만하며 기각했던 고전적 마르크스주의의 진실 하나를 밝히 보여 줬다. 즉, 조직 노동계급의 대규모 동원만이 중앙집중적 자본주의 국가권력에 대항할 수 있다. 자율주의자들은 자신들의 국가와의 대결을 낭만적으로 묘사하면서 혁명적 정치의 진정한 과제(노동계급의 다수를 정치적으로 설득하기)를 회피했다.

토니 네그리는 여전히 자율주의의 핵심 이론가다. 우리는 이탈리아 국가에 의해 희생자가 된 그에게 연대감을 느끼고 있다. 또, 우리는 지난 40년 동안 혁명적 지식인의 길을 걸어 온 그를 존경해야 한다. 그렇지만 여전히 네그리 사상의 영향력은 세계 자본주의에 맞서는 운동의 성공적 전개에 장애물이 되고 있다. 비록 그가 《제국》에서 세계 자본주의의 구조를 자리매김하려 하지만 말이다.

후주

1 이 글은 애초 2001년 7월에 [런던에서] 열린 '맑시즘 2001' 발표 원고였다. 이 글을 위해 자료를 제공하며 도와준 크리스 뱀버리, 세바스천 버전, 크리스 하먼에게 고마움을 전한다.
2 예컨대, N. Klein, 'Reclaiming the Commons', *New Left Review* 2:9 (May-June 2001), p.86.
3 M. Hardt & A. Negri, *Empire* (Cambridge MA, 2000), p.413[국역: 《제국》, 이학사, 2001].
4 E. Eakin, 'What Is The Next Big Idea? Buzz Is Growing For *Empire*', *The New York Times*, 7 July 2001; M. Elliott, 'The Wrong Side Of The Barricades', *Time*, 23 July 2001.
5 E. Vulliamy, '*Empire* Hits Back', *The Observer*, 15 July 2001.
6 N. Klein, 'Squatters In White Overalls', *The Guardian*, 8 June 2001.
7 *Il Manifesto*와의 인터뷰, 3 August 2001. 또, 다음을 참조하시오. 'From The Multitudes Of Europe, Rising Up Against The Empire And Marching On Genoa (19-20 July 2001)', 29 May 2001, www.qwerg.com/tutebianche/it
8 이에 대한 탁월한 설명은 P. Ginsborg, *A History of Contemporary Italy: Society and Politics 1943-1988* (Harmondsworth, 1990). 이

시기 격변에 대한 개괄적인 역사는 C. Harman, *The Fire Last Time* (London, 1988)[국역: 《세계를 뒤흔든 1968》, 책갈피, 2004]을 보시오.

9   이 시기 이탈리아 좌파의 실패를 매우 날카롭게 분석한 글로는 T. Abse, 'Judging the PCI', *New Left Review* 1:153 (9-10, 1985)가 있다.

10 같은 책, p.25.

11 P. Ginsborg, 앞의 책, pp.320-332.

12 C. Harman, 'The Crisis of the European Revolutionary Left', *International Socialism* 4 (Spring 1979)를 보시오.

13 P. Ginsborg, 앞의 책, p.382.

14 이 운동에 대체로 공감하는 당시 기록들을 모아 놓은 것으로는 Red Notes(eds.), *Italy 1977-1978: Living with an Earthquake* (London, 1978)가 있다.

15 T. Abse, 앞의 책, p.30.

16 이 시기 네그리의 저작에 대한 유용한 연구는, S. Wright, 'Negri's Class Analysis: Italian Autonomist Theory in the Seventies', *Reconstruction* 8 (1996). 네그리는 전에 레닌주의 노선에 따라 건설된 '노동자의 힘Potere Operaio'의 지도자였다. 그 조직의 회원들은 대부분 새롭게 등장한 자율주의 운동에 합류했다.

17 예컨대 다음을 보라. M. Tronti, 'Workers and Capital', in Conference of Socialist Economists, *The Labour Process and Class Strategies* (London, 1976).

18 S. Wright, 앞의 책.

19 T. Abse, 앞의 책, p.30.

20 J. Fuller, 'The New "Workerism"-the Politics of the Italian Autonomists', *International Socialism* 8 (Spring 1980)에서 재인용. 이 저널(*International Socialism* 92)에 재수록됐다.

21 착취와 억압 — 가령 실업자가 겪는 — 의 차이에 대한 명쾌한 설명은

다음을 보시오. E. O. Wright, 'The Class Analysis of Poverty', in *Interrogating Inequality* (London, 1994).

22 A. Negri, *Marx Beyond Marx* (South Hadley MA, 1984), p.173[국역: 《맑스를 넘어선 맑스》, 중원문화출판, 2010].

23 T. Abse, 앞의 책, p.35.

24 네그리는 1997년에 복역하기 위해 이탈리아로 돌아왔다. 그는 꽤 느슨한 상태에서 형을 살고 있다. 그는 이제 자신의 로마 아파트에서 사는 것이 허용됐지만, 저녁 7시부터 아침 7시까지 야간 외출은 할 수 없다.

25 J. Fleming, 'Editor's Preface', in A. Negri, op,. cit., p.vii.

26 A. Negri, 앞의 책, pp.19, 56, 94.

27 다른 차이점이 있음에도 E. P. 톰슨과 알튀세르가 이 점에 대해서만큼은 의견을 같이한다는 것은 아이러니다. L. Althusser, Preface to G. Dumézil, *Le Concept de loi économique dans 'Le Capital'* (Paris, 1978)과 E.P. Thompson, *The Poverty of Theory and Other Essays* (London, 1978), pp.251-255를 보시오.

28 다음을 보시오. V. S. Vygodsky, *The Story of a Great Discovery* (Tunbridge Wells, 1974), R. Rosdolsky, *The Making of Marx's Capital* (London, 1977), J. Bidet, *Que faire du Capital?* (Paris, 1985).

29 A. Negri, 앞의 책, p.17.

30 같은 책, pp.91, 101.

31 더 세련된 입금압바설은, P. Armstrong et al., *Capitalism Since World War Two* (London, 1984)[국역: 《1945년 이후의 자본주의》, 동아출판사, 1993].

32 A. Negri, 앞의 책, p.131.

33 K. Marx, *Capital*, Vol. I (Harmondsworth, 1976), p.770.

34 A. Negri, 앞의 책, p.69.

35 K. Marx and F. Engels, *Collected Works*, vol. XXIV (London, 1989), p.81.

36 A. Negri, 앞의 책, pp.100-101.

37 같은 책, pp.138, 140.

38 같은 책, pp.27, 25.

39 같은 책, p.188.

40 같은 책, p.xvi.

41 같은 책, p.172.

42 같은 책, p.xvi.

43 같은 책, p.14.

44 다음을 보시오. M. Foucault, *Discipline and Punish* (London, 1977)[국역: 《감시와 처벌》, 나남, 2003], *Power/Knowledge* (Brighton, 1980).

45 S. Wright, 앞의 책.

46 T. Cliff, 'The Balance of Class Forces in Recent Years', *International Socialism* 6 (Autumn, 1979).

47 S. Wright, 앞의 책.

48 Spinoza, *Ethics in Works of Spinoza*, vol. II (New York, 1955), Appendix I, p.78.

49 나는 다른 책에서 이 논의를 더한층 발전시켰다. A. Callinicos, *Is There a Future for Marxism?* (London, 1982)[국역: 《마르크시즘의 미래는 있는가》, 열음사, 1987]. 이 책은 '마르크스주의의 위기'에 대한 답변으로 쓰였고, 네그리의 1970년대 저작은 마르크스주의 위기의 전조였다.

50 로버트 브레너가 '공급 측면'의 위기론이라고 부른 것에 대한 비판은, C. Harman, *Explaining the Crisis* (London, 1984), pp.123-126[국역: 《마르크스주의와 공황론》, 풀무질, 1995]과 R. Brenner, 'Uneven Development and the Long Downturn', *New Left Review* 1:229 (5-6, 1998).

51 A. Callinicos, *Making History* (Cambridge, 1987)[국역: 《역사와 행위》,

교보문고, 1991]을 보시오.

52 A. Negri, 앞의 책, pp.56-57.

53 M. Hardt, 'Translator's Foreword', in A. Negri, *The Savage Anomaly* (Minneapolis, 1991)[국역: 《야만적 별종》, 푸른숲, 1997]. 네그리는 스피노자의 정치 저작에서 다중 개념을 끌어온다. 그러나 스피노자의 다중은 네그리가 주장하는 것보다 훨씬 더 양면적인 구실을 한다. E. Balibar, *Spinoza and Politics* (London, 1998)을 보시오.

54 A. Negri, *Le Pouvoir constituant* (Paris, 1997), pp.429, 435.

55 같은 책, p.401.

56 같은 책, pp.37, 40. 네그리는 《성의 역사》[국역: 《성의 역사》, 나남, 2004]에 의지하면서도 1976년에 출간된 제1권과, 푸코가 죽기 직전에 출간된 제2권 및 제3권의 매우 중요한 차이를 간과한다.

57 네그리가 자신의 푸코 해석을 뒷받침하기 위해 인용한 들뢰즈의 *Foucault* (Paris, 1986)[국역: 《푸코》, 중원문화, 2010]는 사실 들뢰즈가 생명과 욕망에 관한 자신의 독특한 존재론에 근거해 푸코의 사상을 다시 쓴 것이다. 들뢰즈와 푸코의 저항 논의에 대한 비판적 논술로는 A. Callinicos, *Against Postmodernism* (Cambridge, 1989), pp.80-87을 보시오[국역: 《포스트모더니즘 비판》, 성림, 1994].

58 G. Deleuze and F. Guattari, *Mille plateaux* (Paris, 1980), pp.512, 510, 583[국역: 《천 개의 고원》, 새물결, 2001]. 들뢰즈와 가타리는 《자본주의와 정신분열증》(Paris, 1972)[국역: 《앙띠 오이디푸스》, 민음사, 1994] 제1권에서 영토화와 탈영토화의 사회적·심리적 측면들에 대한 매우 복잡한 이론을 전개한다. 들뢰즈는 또한 스피노자에 대한 중요한 연구서인 *Spinoza et le probléme de l'expression*(Paris 1968)[국역: 《스피노자와 표현의 문제》, 인간사랑, 2003]을 썼다. 이 책은 《야만적 별종》에서 똑같은 철학자를 다룬 네그리에게 커다란 영향을 미쳤다. 스피노자는 반反헤겔적 마르크스주의자들에게 헤겔에 대한 대안적 준거점이 되는 경향이 있다. 이미 알튀세르에게서 분명하게 나타난

이 경향은 알튀세르의 제자 피에르 마슈레Pierre Macherey가 쓴 *Hegel ou Spinoza?*(Paris, 1979)[국역: 《헤겔 또는 스피노자》, 그린비, 2010]에서 극단적으로 발전했다. 네그리는 결코 알튀세르주의자가 아니지만, 헤겔과 변증법에 대해 일관되게 적대적이다. 이것은 네그리가 들뢰즈와 푸코와 공유하는 태도다.

59 M. Hardt and A. Negri, 앞의 책, p.423, n.23.

60 D. Bensaïd, *Résistances* (Paris, 2001), p.212[국역: 《저항》, 이후, 2003].

61 M. Hardt and A. Negri, 앞의 책, pp.31-32. '초超세계화론'에 대해서는 D. Held et al., *Global Transformations* (Cambridge, 1999), ch. 1을 보시오.

62 M. Hardt and A. Negri, 앞의 책, pp.xii-xiii.

63 비교적 세련된 견해는 M. Castells, *The Rise of the Network Society*, 2nd. edn. (Oxford, 2000)을 보시오. L. Boltanski and E. Chapiello, *Le Nouvel esprit du capitalisme* (Paris, 1999), pp.220-221은 '탈중심적[분권화된] 네트워크들'이라는 은유를 홍보하는 데서 들뢰즈가 한 구실을 강조하고 있다.

64 M. Hardt and A. Negri, 앞의 책, p.43.

65 같은 책, p.23. 예컨대, '야바스타'는 방탄복 착용을 정당화하기 위해 네그리의 삶정치 개념을 받아들였다. "삶정치는 탈훈육적인 통제 패러다임 내부로부터 집단적 행위의 가능성을 복원하는 정치 형태다. 시대를 잘못 이해해서, 우리가 안다고 생각하는 집단행동으로만 돌아가는 것은 위험하다. 직접 대면하는 집단행동은 낡은 충돌식 훈육의 일부임이 매우 분명한 대결이다. 그보다는 동지에게 방탄복을 입혀 주는 것이 다른 정치적 문법으로 가는 통로를 보여 준다." J. Revel, 'Changing The World (One Bridge At A Time)? *Ya Basta!* After Prague', www.geocities.com/swervedc/ybasta.html에서 인용.

66 M. Hardt and A. Negri, 앞의 책, p.180, ch. 3.5.

67 같은 책, pp.43, 259. 그리고 훈육사회에 대해서는 같은 책, ch. 3.2를

보시오.

68 같은 책, pp.268-269.

69 M. Tronti, 앞의 책, p.104.

70 M. Hardt and A. Negri, 앞의 책, p.52.

71 같은 책, p.409.

72 같은 책, pp.364, 365, 385, 387. 그리고 같은 책, ch. 4.1과 4.2를 보시오.

73 같은 책, pp.360, 469, n.13. G. Deleuze, 앞의 책, pp.95, 98과 비교해 보시오.

74 J. Chingo and G. Dongo, 'Empire or Imperialism?', *International Strategy* 1 (2001). 이 글은 지나치게 정설 트로츠키주의적인 관점이기는 하지만 그 비판은 유용하다. www.ft.org.ar/estrategia에서도 볼 수 있다.

75 M. Hardt and A. Negri, 앞의 책, ch. 3.1.

76 *Historical Materialism* 4와 5(1999)에 실린 브레너에 관한 심포지엄을 보시오.

77 M. Hardt and A. Negri, 앞의 책, pp.9, 190.

78 예컨대 프랑스 급진좌파 이론지 *Contretemps*('뜻밖의 사건'이라는 뜻)에 실린 하트와 네그리의 글에 이런 진술이 있다. "근본적이고 질적인 변화는 오히려 주권이라는 관점에서 인식돼야 한다." M. Hardt and A. Negri, 'A Possible Democracy in the Age of Globalisation', *Contretemps*.(사본을 제공해 준 다니엘 벤사이드에게 감사한다.)

79 M. Hardt and A. Negri, 앞의 책, ch. 1.1. 근대 주권론에 대한 가장 영향력 있는 논의는 독일 비이마르 공화국의 우익 이론가 칼 슈미트의 것이다. 특히 그의 *Political Theology* (Cambridge MA, 1985)[국역: 《정치신학》, 그린비, 2010]를 보시오. 네그리의 *Le Pouvoir constituent*['구성권력'이라는 뜻]은 얼마간은 슈미트에 대한 네그리의 대안적인 주권 이론을 다룬 책이다.

80 다음을 보시오. A. Callinicos et al., *Marxism and the New*

Imperialism (London, 1984); G. Achcar, 'The Strategic Triad: USA, China, Russia', in T. Ali(ed.), *Masters of the Universe?* (London, 2000); 그리고 A. Callinicos, *Against the Third Way* (Cambridge, 2001), ch. 3.

81　M. Leonard, 'The Left Should Love Globalisation', *New Statesman*, 28 May 2001, p.36.

82　같은 책, p.37.

83　K. M. Campbell and D. J. Mitchell, 'Crisis In The Taiwan Strait?', *Foreign Affairs*, 7-8, 2001, p.15.

84　*The Guardian*, 31 July 2001.

85　M. Hardt and A. Negri, 앞의 책, p.52.

86　같은 책, pp.400-406.

87　같은 책, pp.54, 56, 57.

88　같은 책, pp.58-59.

89　'Towards a Politics of Truth: The Retrieval of Lenin' (네그리가 참석하지 않은) 컨퍼런스에서 배포된 논문의 제목, *Kulturwissenschaftliches Institut NRW*, Essen, 3 February 2001.

90　D. Bensaïd, *Les Irreductibles* (Paris, 2001), p.20.

91　M. Hardt and A. Negri, 앞의 책, pp.212, 213, 396. 이것은 성聖 아우구스티누스가 말한 '성스러운 도시'와 '지상의 도시'를 참조한 것이다. 이는 하트와 네그리가 현대의 다중과 초기 기독교나 평등주의적 기독교 사이의 유사성을 끌어내고 있는 여러 구절들 중 하나다. 《제국》은 '전투적 공산주의자의 미래의 삶'을 위한 하나의 모델로 아시시의 성 프란체스코St. Francis of Assisi를 제시하면서 끝맺고 있다.

92　같은 책, pp.422, n.17, 143-145.

93　A. Negri, 'L"Empire", stade supreme de l'impérialisme', *Le Monde diplomatique*, January 2001, p.3.

94 주 89에서 인용한 레닌 컨퍼런스에서 전화 토론 중에 한 말이다.
95 S. Wright, 앞의 책에서 인용.
96 *La Repubblica* 2001년 8월 3일치에 실린 인터뷰.
97 'Why are White Overalls Slandered by People who Call Themselves Anarchists?', 8 July 2001, www.italy.indymedia.org.
98 *La Repubblica* 2001년 8월 3일치에 실린 인터뷰.
99 *Il Manifesto* 2001년 8월 3일치에 실린 인터뷰.

부록 2

마르크스주의와 아나키즘

폴 블랙레지

오늘날 반자본주의 운동의 한가운데에는 눈에 띄는 모순이 있다. 운동 내부의 많은 사람들이 바로 이 운동의 특징 중 하나, 즉 이 운동이 정치적이라는 사실을 부정한다는 점이다.[1] 이런 태도에서 나타나는 실천적 문제는 이미 본지(《인터내셔널 소셜리즘》)의 지난 호들에서 분석된 바 있다.[2] 이 글에서는 아나키스트들과 마르크스주의자들 사이에 벌어진 예전 논쟁에 나타난 반反정치적 관점의 기원을 살펴봄으로써 최근의 논쟁을 이해할 수 있는 맥락을 제공할 것이다. 나는 아나키즘과 고전 마르크스주의 사이의 역사적 유사성과 차이점을 개괄함으로써, 오늘날 이 두 경향의 만남이 흔히 논쟁 없이 상대방에 대한 풍자만화만 그리는 양상을 뛰어넘기 바란다. 특히, 나는 아나키즘의 합리적 핵심('국가 중심주의' 정치가 반자본주의 운동에 끼치는 악영향을 제거하려는 노력)이 사실은 이 반反정치적 태도 때문에 약화한다고 생각한다. 게다가 이런 약점은 이른바 마르크스의 '국가 중심주의'에 대한 아나키스트들의 비판 때문에 더 심각해진다. 앞으로 보게 되듯이, 이런 주장은 고전 마르크스주의를 크게 오해하는 것이다. 이런 오해는 노동계급의 자기해방 이론이라는 고전 마르크스주의의 정수를 가리는 구실을 할 뿐 아니라, 이 이론[고전 마르크스주의]이 아나키즘의 실천적 한계를 뛰어넘는 대안을 내놓고 있다는 점도 흐리고 만다.

1871년, 각각 당시 국제 사회주의 운동과 아나키즘 운동의 가장 두드러진 대표인 칼 마르크스와 미하일 바쿠닌은 모두 파리 코뮌을 자신의 사회주의 비전이 실제로 구현된 것이라며 환영했다.[3] 이 사실은 다니엘 게랭이 자신의 대표작 《아나키즘》에서 제기한 주장을 확승하는 것처럼 보인다. 게랭은 시끄럽고 격렬한 종파적 언쟁만 제외하면, "아나키즘이야말로 진정으로 사회주의의 동의어다" 하고 주장했다.[4] 게다가 우리가 노엄 촘스키의 주장("일관된 아나키스트는 … 사회주의자가 될 것이다. 그러나 특별한 종류의 사회주의자, 즉 '자유지상주의적 사회주의자'가 될 것이다")을 수용한다면,[5] 아마도 우리는 아나키즘을 핼 드레이퍼가 고전 마르크스주의 관점에서 "아래로부터의 사회주의"[6] 전통이라고 부른 것의 한 변종으로 여기게 될지도 모른다.

그러나 드레이퍼는 레닌이 '권위주의적' 정당을 건설했다는 식의 주장을 가차없이 비판하면서 아나키즘을 위로부터의 사회주의의 일종으로 본 반면,[7] 게랭은 레닌이 기껏해야 자유주의적 요소와 권위주의적 요소를 결합하려고 노력한 "혼란스러운" 인물이었을 뿐이라고 주장한다.[8] 한편, 촘스키는 마르크스 사상의 특징이 (일관된 아나키즘과 달리) 초기의 자유지상주의적 사회주의와 후기의 '권위주의' 사이의 긴장이라고 주장한다. 촘스키는 이런 긴장이 마르크스주의 역사에서 예컨대 로자 룩셈부르크로 대표되는 자유지상주의적 사회주의 경향과 특히 레닌과 관련된 국가사회주의 경향 사이의 갈등으로 나타났다고 본다. 촘스키는 비록 자유지상주의적 사회주의 경향의 사상이 "아나코신디컬리즘의 요소들과 수렴된다" 할지라도, 국가사회주의 경향은 자유지상주의적 사회주의 경향에서 너무나 멀어졌으므로 "만약 좌파에 '볼셰비즘'도 포함된다면 나는 단호하게 좌파와 관계를 끊겠다"고 주장한다.[9]

이와 비슷한 주장은 현대의 자율주의·아나키스트 집단에서 아주 흔하게 발견되며,[10] 이 집단이 일반으로 고전 마르크스주의자들에게, 더 구체적으로는 '레닌주의자들'에게 드러내는 적대감의 특징이기도 하다.[11] 대체로 아나키스트들과 자율주의자들은 특히 레닌을 지난 20세기에 시도됐다가 실패한 국가사회주의 전통의 주요 대표자라고 비판하는 습관이 있다.[12] 그들이 마르크스주의와 관련을 맺고 있는 정도에 따라 이 진영 내의 이론적·정치적 차이는 대개 마르크스와 레닌의 관계에 집중된다. 즉, 레닌의 '권위주의'가 마르크스와 질적으로 다른지, 아니면 단지 마르크스의 '권위주의'를 그 논리적 귀결까지 확장한 것일 뿐인지를 묻는다. 자율주의자들은 레닌에게서 마르크스를 '구출해 내려' 노력한다면, 아나키스트들은 마르크스가 "국가 공산주의의 옹호자"라는 바쿠닌의 유명한 주장을 거론하며[13] 레닌과 마르크스를 모두 거부하는 경향이 있다.

앞으로 보게 되듯이, 바쿠닌의 마르크스 비판은 "어설프다."[14] 그러나 그의 비판은 마르크스주의를 스탈린주의와 연관 지어 혹평하는 더 광범한 자유주의적 비판과 잘 맞는다.[15] 그래서 자신의 두툼한 아나키즘 역사서에서 피터 마셜은 바쿠닌이 마르크스를 "국가사회주의자"라고 비판한 것은 "예언자적인" 통찰이었다고 주장할 뿐 아니라, 스탈린주의의 경험은 마르크스가 아닌 바쿠닌이야말로 "역사의 평결에 의해 정당성이 입증됐음"을 보여 준다고도 주장한다.[16]

비록 이 주장이 피상적으로 어느 정도 타당하더라도, 바쿠닌의 관점을 주의 깊게 살펴보면 그것이 잘못됐을 뿐 아니라 반동적이기까지 하다는 것을 알 수 있다. 왜냐하면 바쿠닌의 주장은 마르크스나 마르크스주의자들이 권력을 잡았을 때 무슨 일이 일어날 것인지를 우스꽝스럽게 묘사하며 비판하는 데 그치지 않기 때문이다. 바쿠닌의 주장은 사회가 민주화할 수 있다는 가능성을 송두리째 부정하는 것이기도 했다. 고전 마르크스주의와 아나키즘 간의 정치적 차이의 핵심에는 바로 이 문제, 즉 진정한 민주주의의 가능성 문제가 놓여 있다. 그리고 이 문제는 자유와 권위의 관계, 정치조직 문제, 자본주의에 대한 윤리적 비판의 성격 등에 대한 [둘 사이의] 이견에도 영향을 미친다. 바쿠닌 사상의 이런 측면은 아나키즘 내부에서 민주주의의 개념화가 충분히 이뤄지지 못한 것을 보여 준다. 일관되지 않은 인간 본성론에 바탕을 두고 있는 이 약점은 사회주의적 아나키즘이야말로 가장 일관된 형태의 자유지상주의적 사회주의라는 주장을 치명적으로 손상시킨다.

앞으로 보게 되듯이, 마르크스는 아나키즘 인간 본성론의 한계를 넘어설 수 있는 이론적 도구를 제공했고, 레닌은 아래로부터의 사회주의라는 마르크스의 비전에 담겨 있는 정치적 함의를 가장 정교하게 발전시켰다. 촘스키의 주장과 달리 레닌은 결코 자유지상주의적 사회주의 전통의 반대편에 서 있지 않았다. 스탈린주의자들이 우스꽝스럽게 만들어 버린 레닌의 모습과 그의 진면목을 제대로 구분해서 보면,[17] 레닌이야말로 인간의 자유를 위한 투쟁에 매우 중요한 이론적·정치적 기여를 한 사람이라는 사실을 알 수 있다. 그렇다고 해서 레닌주의 조직이 무오류라는 말은 아니다. 결코 그렇지 않다. 그러나 자율주의자들과 아나키스트들은 이런 문제의 사회적 토대를 잘못 이해하고 있어서, 고전 마르크스주의에 대한 그들의 비판은 부정확할 뿐 아니라 또한 그들의 정치를 약화시키기 쉽다.

직접행동과 국가

레닌의 정치에 대한 '열린 마르크스주의Open Marxism'의 비판은 아나키즘이나 자율주의의 주장과 공통점이 있다. '열린 마르크스주의'의 대표적 이론가인 존 홀러웨이는 레닌주의적, 즉 민주집중제에 따른 조직 형태와 고전 마르크스주의자가 '국가사회주의자'라는 점이 서로 연관돼 있다고 주장한다. 홀러웨이는 "정당이라는 조직 형태"가 문제인 이유는 정당이 "국가를 지향하"므로 투쟁 자체를 "약화시킨다"는 점이라고 주장한다. 그 결과, 그런 조직 형태가 성공을 거두더라도, 국가의 특징인 모종의 '위계적이고 소외된 권력 관계'를 재생산할 뿐이라는 것이다.[18]

만약 홀러웨이의 주장이 개혁주의적인 사회주의 정치조직에 대한 설명이라면, 그의 주장은 통찰력 있는 주장이다. 개혁주의 정당은 정말로 자신의 활동을 자본주의 국가의 틀 내로 제한함으로써 자신들의 진보적 기반 자체를 훼손하는 경향이 있다. 그러나 홀러웨이는 개혁주의 정당과 레닌주의 정당을 뒤섞어 버려, 너무 성급하게 개혁주의 정당 비판에서 레닌주의 정당 거부로 넘어간다. 이 주장의 명백한 약점은 각각의 전략에 담긴 서로 다른 내용(볼셰비키는 국가 '분쇄'를 목표로 삼은 반면에, 개혁주의 정당은 국가를 차지하는 것을 목표로 삼았다)을 무시한다는 점이다. 레닌은 이 문제에 관해서는 아나키스트들이 옳다며, "우리가 국가 폐지를 목표로 삼는다는 점에서는 아나키스트들과 전혀 다르지 않다"고 말했다.[19]

이 목표를 성취하려면 레닌주의 정당은 정치 활동 방식이 개혁주의 조직과 근본적으로 달라야 한다. 개혁주의 조직이 의회에서 다수 의석을 획득하는 것에 초점을 맞춘다면, 혁명적 사회주의 정당은 노동자들이 구질서를 뒤집어엎을 수 있는 곳, 즉 노동자들의 작업장에 기반을 둬야 한다.[20] 아나키스트들은 레닌주의 정당과 개혁주의 정당에 모두 "국가 중심주의"라는 딱지를 붙여서, 국가 차지와 국가 분쇄 사이의 근본적 차이를 못 본 척해, 사회주의에 대한 레닌의 기여의 핵심을 이루는 해방적 요소를 무시한다.[21]

한편, 레닌은 아나키스트들이 개혁주의 정당의 실천에 대한 비판을 잘못 일반화해 모든 정치조직 건설 노력을 죄다 거부하는 오류를 범했다고 비판했다.[22] 따라서 "아나키즘은 종종 노동계급 운동의 기회주의적 범죄에 대한 일종의 응보였다. 이 두 흉물은 서로 보완하는 관계였다."[23] 그렇다고 해서 고전 마르크스주의자들이 자유를 위한 투쟁에 아나키스트들이 책임감 있게 관여했다는 사실을 일축했다는 말은 아니다. 트로츠키는 파리에서 알고 지내던 한 아나키스트의 죽음에 대해 다음과 같이 썼다. "그의 아나키즘은 비록 이론적으로는 잘못된 것이었지만, 자본주의 세계의 악행에 대한, 그리고 이 자본주의 세계에 굴복한 사회주의자들이나 신디컬리스트들의 비열한 태도에 대한, 진정으로 프롤레타리아다운 깊은 분노의 표현이었다."[24] 레닌과 트로츠키는 아나키스트들이 사회주의자들과 공유했던 "자본주의 세계의 악행에 대한 깊은 분노"를 추호도 의심하지 않았다. 오히려 그들은 아나키즘의 이론이 그 운동의 성공 가능성을 훼손하는 경향이 있다고 주장했다.

흥미롭게도, 아나키즘의 정치적 약점은 레닌이 자신의 저서 《무엇을 할 것인가?》에서 개혁주의의 결점이라고 지적한 것과 비슷했다. 이 저서는 러시아 사회주의 운동 내의 개혁주의 조류들(하지만 오늘날 우리가 서구에서 익숙하게 볼 수 있는 개혁주의 조류보다 훨씬 더 투쟁적인)을 비판하려고 쓴 책이었다. 당시 러시아에서 선거 정치는 아직 등장하지 않았지만, 지역에서 사용자들에 맞선 노동조합 투쟁들이 벌어지고 있었다. 레닌이 러시아의 개혁주의를 비판한 이유는 (아직 존재하지도 않는) 선거 중심주의 때문이 아니라, 그 개혁주의가 러시아 체제의 다양한 측면에 대항하는 수많은 지역적 투쟁을 더 광범한 전국적 반독재 운동으로 고양시키려고 노력하지 않았기 때문이다. 이 계획을 실현하려면 이 다양한 투쟁을 서로 연결해서 지역주의의 한계에 도전하는 전국적 정치조직이 필요했다. 이 점이 레닌의 유명한 주장, 즉 혁명적 사회주의자는 단순한 노동조합 활동가가 아니라 더 일반적으로 "민중의 호민관"으로서 행동해야 한다는 주장의 기초다.[25]

'정치' 활동을 거부한 아나키스트들에게 레닌은 그들이 정치 문제를 극복하기는커녕 부르주아 정치가 아무런 도전도 받지 않고 득세할 수 있도록 방치할 뿐이라고 반박했다. 그는 아나키즘이 노동자 운동 내에서, (개혁주의적인 노동조합운동과 유사한 방식으로) "정치에 대한 부정을 가장해 노동계급을 부르주아 정치에 종속시키는 결과"를 낳았다고 주장했다.[26] 레닌은 바로 이런 경향에 맞서고자, 러시아 전역의 모든 지역적 투쟁을 한데 연결해서 국가에 대한 전반적 공격으로 이끄는 것을 목표로 삼는 전국적 정치 정당을 건설하자고 주장했다.

국가권력에 대한 이런 도전이 더 확고한 이론적 기반 위에 놓인 것은 [1917년] 10월 혁명 1년 전에 레닌이 (그와 마르크스가 "국가를 인수"해서 자신들의 목적에 맞게 사용하려 했다는 아나키스트들의 주장과는[27] 정반대로) 노동자들은 낡은 (자본주의) 국가를 분쇄하기 위해 이데올로기적·정치적·군사적으로(즉, 국가로서) 조직돼야 한다고 주장해 제2인터내셔널 마르크스주의의 마지막 자취와 결별했을 때였다. 낡은 국가를 인수하자는 게 아니라, 그것을 새로운 기구로 대체하자는 것이었다. 그리고 노동자 국가가 어떤 의미에서는 여전히 국가라 하더라도 (앞으로 보게 되듯이, 이것은 아주 독특한 유형의 국가이며, 이런 차이를 인정해 루카치는 이 새로운 노동자 권력 기관을 "반反통치anti-government"라고 불렀다)[28] 이 국가의 사회적 내용은 자본주의 국가와는 전혀 다르다. 자본주의 국가는 자본주의 사회관계를 유지하려고 군사적·이데올로기적 힘을 사용하는 반면에, 노동자 국가는 인간의 필요 충족에 기반을 둔 사회를 건설하는 데 장애가 되는 것을 억제하기 위해서만 자신의 자원을 동원한다. 노동자들은 자기 아래 있는 어떠한 계급도 착취하지 않으므로, 그런 장애가 점차 극복됨에 따라 노동자 국가는 "시들어 죽게" 될 것이다. 안타깝게도 아나키스트들은 '국가'를 자유의 주적主敵으로 사물 취급해, 계급 권력의 형태적 차이든(자유민주주의와 파시스트 독재는 모두 자본주의 국가의 유형이지만, 이 둘의 차이는 매우 중요하다) 국가권력의 사회적 내용에서 일어난 더 심오한 역사적 변화든(예를 들어, 봉건제 국가, 자본주의 국가, 노동자 국가의 차이[29]) 다 과소평가하는 경향이 있다. '국가'라는 추상적 개념을 실제 사물처럼 취급해 자유의 진정한 적으로 규정해 버리는 바로 이런 경향이 그들이 지닌 혁명적 정치 개념을 훼손한다.

이 점은 국가를 우회할 수 있다고 생각하는 아나키스트들의 글에서 아마 가장 분명히 드러나지만, 아나키즘 내에서 훨씬 더 일반적인 문제이기도 하다. 그래서 아나키스트인 벤 프랭크스는 "현대의 계급투쟁을 다룬 아나키즘적 저작에서는 혁명의 필요성에 대한 보편적 합의에도 불구하고 혁명의 구성 요소나 특징에 관해서는 명료함이 결여돼 있다"고 말했다.[30]

아나키스트들에게 혁명 모델이 존재한다면 그것은 직접행동 개념에 근거한 것이기 쉽다. 직접행동의 형태는 하나가 아니라 여럿인데, 아나키스트들은 그것이 진정으로 자유로운 (국가 없는)[31] 사회에서 형성될 관계를 미리 보여 준다고 말한다. 실제로 직접행동은 아나키즘의 국가 중심주의 반대가 실천으로 나타난 결과이며,[32] 다수의 직접행동 형태는 다수의 아나키즘에 반영돼 있다.[33]

이런저런 직접행동을 지지하고 그것에 호소하는 일이 비록 좌파들 사이에서는 흔한 일이지만, 아나키즘에서 이 전술은 단지 활동가의 무기고에 있는 여러 무기 중 하나에 그치지 않는다. 이 전술은 국가를 거부하는 그들의 관점에서 직접 도출된 것이고, 더 전통적인 정치관(觀)들과 명백히 대치(對置)된다.[34] 실제로 아나키즘은 자의식적으로 반反정치적인 경향이 있으며, 이런 관점은 정치를 (관습적 정의처럼) 국가와 관련된 것으로 여기는 생각에 대한 반발로 봐야 가장 정확하다. 우리가 더 폭넓은 정치 개념을 받아들인다면, 이런 식의 반정치도 당연히 정치적이다. 그리고 또한 직접행동을 옹호하는 주장도 (비록 국가 중심적 주장은 아니더라도) 분명히 정치적 주장이다.

데이비드 그레이버는 자신이 전통적인 국가 중심 정치라고 생각하는 것에 반대하면서 다음과 같이 말한다. "정부에 그 조처를 수정하도록 호소하는 정치를 거부하고, 국가권력에 맞선 물리적 개입을 그 자체가 대안을 미리 보여 주는 방식이라고 찬성하는 직접행동 개념은 모두 자유지상주의 전통에서 직접 생겨났다."[35] 이 점에서 보면, 다양한 형태의 직접행동은 대안 사회의 유형을 여러모로 미리 보여 주는, 비국가적 형태의 사회적 상호작용을 생생하게 구현한 것이라 볼 수 있다. 이런 정치관은 아나키스트나 자율주의자들의 조직 형태에 영향을 미친다. 전통적 의회주의 정당이나 혁명적 정당은 각각 국가권력을 잡으려 하든 아니면 폐퇴시키려 하든 국가 쪽으로 향했던 반면, 국가의 대안을 미리 보여 주고자 하는 아나키스트들은 이런 방식 자체를 거부하므로 국가에 맞서는 데 필요한 중앙집중적 정당 형태를 거부한다. 그래서 비록 언제나 같은 형태는 아니더라도 그들이 보기에 위계적이지 않은 "수평적" 조직 형태를 흔히 취한다.[36]

이런 의미에서 아나키스트들은 적어도 훌륭한 레닌주의자들이기는 하다. 토니 클리프가 지적한 것처럼, 레닌은 사회주의자에게 필요한 조직 형태는 당면한 "정치적 과제의 성격에서 비롯한다"고 지적했기 때문이다.[37] 볼셰비즘의 구조가 러시아의 독재를 타도한다는 과제에서 비롯했다면, 또 다른 과제에는 또 다른 구조가 필요하다. 아나키스트들은 국가권력 획득이라는 목표 자체를 거부하므로, 그에 적합한 중앙집중적 정치 구조가 필요하지 않다고 주장한다.

이 주장의 문제점 한 가지는 부르주아적 정치관에 기생한다는 점이다. 전통적 정치 이론이 국가에 초점을 맞춘다면, 아나키즘은 그것의 한계를 극복하기보다는 그 관심사를 단지 도치시키는 경향이 있다. 마르크스의 정치관은 매우 달랐다. 《자본론》이 단순한 경제학 연구가 아닌 정치경제학에 대한 비판이듯이, 마르크스의 정치는 전통적 정치관에 대한 비판이라고 이해해야 한다. 전통적인 (자유주의적) 국가관에서는 국가를 불변하는 인간 본성의 필연적 결과로 여기지만, 마르크스주의자들은 국가를 특정 생산관계와 결부된 역사적 현상으로 파악하며, 따라서 국가를 없애는 비결은 생산관계, 즉 국가를 지탱하는 동시에 국가에 의해 유지되는 생산관계를 없애는 것이라고 주장한다.

현대의 자본주의 국가와 관련해 마르크스주의자들은 국가가 인간의 자유를 희생시키면서 자본주의 체제 유지를 지원하는 방식에 초점을 맞춘다. 여기에는, 자본주의의 소외를 극복하는 데 필요한 연대와 사회주의 의식을 발전시킬 가능성을 창출하는 계급투쟁이나 다른 사회운동과 국가가 어떻게 관련을 맺는지를 분석하는 것도 포함된다. 이 문제에 관해 한 가지 분명한 사실은, 일단 투쟁이 충분히 큰 규모에 도달하면 자본주의 체제의 주요 조직적 호위병 구실을 하는 국가와 맞닥뜨리게 될 것이라는 점이다. 바로 이런 이유로 어떤 아래로부터의 운동도 일단 자본주의에 도전할 만큼 충분히 강력해지면 결국 국가와의 대결을 피할 수 없게 될 것이다. 알렉스 캘리니코스가 [2005년 1월 세계사회포럼에서] 존 홀러웨이와 논쟁하면서 말했듯이, "문제는 국가가 우리를 가만히 내버려 두지 않을 것이라는 점입니다."[38]

영국인들은 최근 런던의 G20 반대 시위에서 [경찰 폭력으로] 이언 톰린슨이 사망한 사건을 통해 바로 이 주장의 진실성을 뼈저리게 느낀 바 있다. 이 사건은 경찰이 단지 정치적 시위자들뿐 아니라 더 광범한 사람들에게도 일상적이고 체계적으로 폭력을 휘두른다는 사실을 만천하에 드러내 줬다. 이 사건이, 금융 시스템을 떠받치려고 최근에 실시된 전 세계적 국가 개입 직후에 발생했다는 점, 그리고 그 국가들의 일관되고도 일상적인 군사력 사용이라는 맥락 속에서 발생했다는 점은 우리에게 자본주의와 국가 체제 간의 본질적인 연관 관계를 상기시켜 준다. 자본주의 국가는 여러 가지 기능들 중에서도 특히 정치적 정당화와 사회 통제의 도구, 그리고 경제 조절과 군사 경쟁의 도구 기능을 한다. 자본주의 국가는 자본주의와 "구조적 상호 의존" 관계에 있으며, 자본주의는 자본주의 국가 없이는 살아남을 수 없다. 그리고 최근의 전쟁과 경제 구제 조처가 거둔 성과가 무엇이든 간에 이런 일은 세계화의 영향력이 국가권력을 약화시켰다는 생각을 확실히 잠재웠다.[39]

따라서 마르크스주의자들이 국가에 관심을 보이는 것은 그들이 유별나게 국가에 의한 통제를 좋아해서가 아니라, 무엇보다 아래로부터의 운동에 필요하기 때문이다. 일단 사회운동이 현 상황의 진정한 대안을 제시할 만큼 충분히 강력해진다면 국가는 그 운동을 억압할 목적으로 개입할 것이다. 그러므로 마르크스와 레닌의 이른바 국가 중심주의는 주로 자유를 위한 투쟁의 적에 대한 현실적 평가에 근거한 것이다. 노동자 운동이 중앙집중적 군사력을 가진 상대와 싸워 이기려면 노동자 운동에도 중앙집중적 군사력이 필요하다. 트로츠키가 쓴 것처럼, "권력 장악을 포기하는 것은 그 권력을 휘두르는 자들, 즉 착취자들에게 그것을 자발적으로 넘겨주는 것이다."[40]

역설이게도, 많은 아나키스트들은 계급투쟁이 매우 높이 고양된 순간마다 트로츠키의 이 말과 유사한 결론에 이끌렸지만, 그런 시점에조차 부르주아 국가와 노동자 국가를 구별하지 못하는 그들의 태도가 치명적이었음이 입증됐다. 예를 들어, 1936년 스페인에서 주요 아나키즘 단체들은 프랑코의 파시스트들에 맞선 군사적 행동이 단일한 구조 아래 조율되도록 공화국 정부에 가담해야 한다는 압력을 강하게 받았다. 이 정책은 군사적 관점에서는 어느 정도 타당했고, 그 때문에 불행히도 아나키스트들은 부르주아 국가의 최선두에 서게 됐다. 그런데, 자신들이 이끌고 있던 (그리고 당시 파시즘을 물리칠 가장 강력한 대안이었던) 사회혁명이 그 국가의 생명을 위협하고 있었다. 정부 내에서 부르주아적 파트너들과 단결을 유지할 필요성과 혁명에 필요한 사항들 사이에서 이러지도 저러지도 못하는 동안 아나키스트들의 혁명적 에너지는 약화했다. 그와는 반대로, 1917년 러시아에서 유사한 상황에 처했던 볼셰비키는 원조 파시스트인 코르닐로프 세력에 대항해 케렌스키의 부르주아 정부를 방어했지만 부르주아 정부에 가담하지 않았고, 그렇게 해서 자신들의 독립성을 유지했다.

이 기간 내내 볼셰비키는 코르닐로프를 물리칠 일관되고 가장 강력한 대안을 노동자 평의회(즉, 소비에트)에서 찾아야 한다고 주장했다. 케렌스키는 20년 후 스페인판 케렌스키들[스페인 공화국 주도 세력인 공산당·사회당·급진당 등을 가리킨다]이 그랬듯이 이 노동자 평의회를 짓밟으려 했지만, 볼셰비키는 이것을 새로운 노동자 국가의 맹아로 봤다.[41] 혁명적 실천을 대하는 이 두 가지 태도는 매우 다른 결과를 낳았다. 스페인 아나키스트들의 행동은 자신들의 지지 기반을 무력화하는 데 일조했지만, 볼셰비키는 케렌스키와 '공동전선'을 구축한 덕분에 자신들의 영향력을 강화할 수 있었고 10월의 사회주의 혁명(볼셰비키가 케렌스키 정부 전복을 지도하고 그것을 소비에트 지배로 대체한 혁명)이 성공할 수 있는 기반을 구축할 수 있었다. 1917년 페트로그라드의 볼셰비키와 1936년 바르셀로나의 아나키스트들은 미사여구의 차이에도 불구하고 모두 아래로부터의 혁명운동의 '전위'를 조직했고, 이 둘 모두 반혁명에 맞서 단결된 군사적 대항 세력 건설의 필요성을 인식했다. 그러나 볼셰비키는 노동자 국가와 부르주아 국가의 차이점을 인식하고 있었으므로 노동자 운동을 강화할 단결 방식과 운동을 약화시킬 단결 방식 사이의 차이점을 더 잘 개념화할 수 있었다. 이와는 반대로, 스페인 아나키스트들은 마찬가지로 진정한 단결의 필요성을 인식했을 때, 아나키즘의 일면적 국가관 때문에 결국 국가 내 부르주아적 파트너들과 단결할 필요성에 혁명운동을 종속시키는 재앙적 노선을 따르고 말았다.[42]

국가에 대한 마르크스주의자들의 관심이 이른바 '국가 중심주의'를 반영하는 게 아니라면, 그들이 자본주의에 반대하는 세력의 기반으로서 노동자 평의회를 강조하는 것은 예시豫示, prefigurative 정치[한 운동단체가 추구하는 미래 사회의 모습을 그 단체 내에 반영하려고 노력하는 조직 방식이나 사회관계를 가리킨다]와 마르크스의 이른바 도구적 정치관을 대립시키는 것이 지나친 단순화임을 보여 준다.[43] 고전 마르크스주의가 사회주의 정치의 예시적 측면을 부인하지 않기 때문이다. 오히려 고전 마르크스주의자들은 예시의 요소가 제도의 형태로, 그리고 노동계급의 자기조직과 연대의 문화로 이미 존재한다고 주장한다. 그러나 마르크스주의자들은 또한 자본주의가 노동계급을 내부적으로 분열시키는 동시에, 외부적으로도 다른 착취당하고 억압받는 집단과 분리시킨다는 사실을 인식하고 있다. 그래서 마르크스와 (특히) 레닌은 사회주의 정치에는 이런 분리에 맞서 싸우는 것도 포함된다고 주장했다. 그리고 이 점은 (의식 수준이) 비교적 균질한 사회주의 활동가들의 집단인 혁명적 정당과 그 시대의 계급의식 수준에 따라 다소간 분열돼 있는 (전체) 노동계급 사이에 차이가 있음을 의미한다. 마르크스주의에서 말하는 당과 계급 간 구분은 확고한 엘리트와 하급 보병 사이의 구분이 아니라, 노동계급 내에 다양한 수준의 계급의식이 존재한다(파업 파괴자부터 혁명가까지, 그리고 그 사이에는 천차만별의 의식 수준이 존재한다)는 단순한 사실을 인정하는 것일 뿐이다. 혁명적 정당의 목적은 노동계급의 대다수가 사회주의 의식을 획득하도록 돕는 것, 그리고 노동계급 외부의 다른 집단에게 바람직한 해방의 모델을 제공하는 노동자 운동을 건설하는 것이다. 혁명적 정당이 이 과업에 성공한다는 것은 곧 자기 자신의 해산을 위한 조건을 만들어 냄을 뜻한다. 사회주의는 노동계급 내의 분리, 그리고 노동계급과 다른 피억압·피착취 집단

사이의 분리를 극복할 때 성취될 것이므로, 성숙한 사회주의 사회에서는 더는 혁명적 정당이 필요치 않을 것이다. 따라서 혁명적 정당은 그 본질상 다른 연대 형태들과 달리 사회주의를 미리 보여 주지 못한다. 혁명적 정당은 오히려 사회주의를 향한 투쟁에서 (필요한 일시적인) 도구일 뿐이다.[44]

혁명적 사회주의 정당의 핵심 활동(다수를 사회주의로 설득하려는 노력)으로 말하자면 마르크스주의 정치의 주요 원칙은 신축성이다. 진정한 국가 '사회주의자들'은 한 가지 전망(봉기를 일으켜서든 의회라는 수단을 이용해서든 정부를 바꾸자는 전망)만을[45] 실현하려는 경향이 있고 아나키스트들은 다른 한 가지 전망(직접행동)만을 실현하려는 경향이 있는 반면, 마르크스주의자들은 체제를 바꿀 잠재력이 있는 곳, 즉 작업장에서 벌어지는 투쟁에 초점을 맞춘다. 그러나 마르크스주의자들은 또한 이 점을 뛰어넘어서, 특정 정세에서 특정 전술을 구체적으로 판단하려 한다. 그들은 아주 간단한 기준, 즉 그 전술이 노동계급과 다른 피억압·피착취 집단의 자주적 행동과 자신감, 정치의식을 고양시킬 수 있는가 하는 기준으로 그 전술의 적용 가능성을 판단한다. 따라서 마르크스주의자들이 한편으로는 선거운동에 참여하고 다른 한편으로는 직접행동에 나설 때, 이것은 개혁주의자들이나 아나키스트들이 그렇게 하는 것과는 다른 이유에서다. 마르크스주의자들은 이 두 전술 가운데 어느 것도 좌파가 직면한 과제를 수행하는 데 충분하지 않다고 생각하며, 분명히 이 둘 모두 엘리트주의의 한 변종으로 전락할 수 있다. 의회주의 정치도 직접행동도 혁명 정치의 최고봉이 될 수 없다. 왜냐하면 이 둘 중 어느 것도 체제에 근본적으로 도전하지 않기 때문이다. 이 두 경우 모두에서 활동가들은 평범한 사람들과 나란히 함께 행동하는 것이 아니라, 그들을 대신해서 행동하는 위험을 무릅쓰게 된다. 이 점에서 보면, 직접행동을 교리처럼 여기며 그에 전념하는 것은 개혁주의적 국가 중심주의 문제의 해결책이라기보다는 의회주의적 엘리트주의의 이면일 뿐이다. 바로 이 점 때문에 드레이퍼는 아나키즘이 급진적 말은 많이 하지만 위로부터의 사회주의의 일종일 뿐이라고 주장했던 것이다. 특별히 마르크스주의 정당이 엘리트주의의 위험에서 면제돼 있다는 것은 아니다. 다만, 그 위험은 흔히 다른 원인에서 비롯한다. 특히 노동자 투쟁이 저조한 시기에는 그 투쟁에서 수혈을 받는 단체는 종파주의에 빠지기 쉽다.[46] 아나키즘 단체도 비슷한 경향이 있다면, 직접행동을 유일하게 급진적 전술로 선택해 구체화하는(프랭크스는 이 점을 아주 잘 드러내어 "전체의 작은 일부가 그 전체를 대표한다"고 주장한다[47]) 것은, 엘리트주의와 대리주의(활동가들이 광범한 사회운동 대신에 자신의 활동을 대용품으로 채택하는 경향) 경향에 도전하기보다는 오히려 그 경향을 강화하기 쉽다는 문제점이 있다. 이 약점은 아나키즘과 연관된, 겉보기에 놀랄 만한 또 다른 문제, 즉 아나키즘은 더 폭넓은 민주주의 개념을 포용하는 것에 관해 침묵해 버린다는 문제를 조명한다.

아래로부터의 투쟁이 내놓은 요구들이 마르크스주의가 국가에 관심을 쏟는 이유의 한 측면이라면, 다른 측면은 민주주의 문제다. 아나키스트들과의 논쟁을 보면, 이 문제에는 서로 다른 두 측면 — 혁명 조직 내의 민주주의와 (혁명 전과 후) 사회의 민주주의 — 이 있다. 아나키즘의 반권위주의는 언뜻 보면 민주주의에 대한 깊은 관심을 뜻하는 듯하다. 실제로 아나키즘 이론가인 우리 고든[인디미디어에 관여하는 이스라엘 아나키스트]은 다음과 같이 말했다. "활동가들의 집단적 절차 관행을 활성화하는 몇 가지 가치와 민주주의 이론의 더욱 급진적 목표의 특징적 가치 사이에는 주요한 유사점이 있다."[48] 그러나 고든이 뒤이어 지적하듯이, 아나키즘은 국가에 맞서서 개인의 절대적 권리를 옹호하는 반면 민주주의는 다수의 지배를 허용하므로 아나키즘은 "결코 '민주적이지' 않다"는 것을 이해해야 한다.[49] 이와 비슷하게, 조지 우드콕도 다음과 같이 주장했다. "아나키즘을 극단적 형태의 민주주의로 여기는 것보다 더 잘못된 개념도 없다. 민주주의는 국민의 주권을 옹호한다. 아나키즘은 개인의 주권을 옹호한다."[50] 좀 더 최근에, 루스 키너는 민주주의에 관한 한, 아나키즘에는 만장일치에 대한 욕망 외에는 이렇다 할 내용이 거의 없다는 사실을 인정했다. 그런데 이 만장일치라는 것은, 키너가 잘 지적하듯이, 조 프리먼이 1960년대 미국의 아나키즘적 페미니스트 운동을 분석하며 지적한 유명한 특징 — 그가 구조 없는 독재[51]라고 부른 것, 즉 구조 없는 집단에서는 말을 많이 하는 구성원(보통은 중간계급에 속한)이 그 집단 내부에서 사실상 권력을 휘두를 수 있다는 것 — 을 반복하는 경향이 있다는 비판에 취약하다.

  마르크스주의자들이 민주적이고 따라서 중앙집중적인(만일 투표가 의미 있는 것이려면, 다수의 의견이 관철될 수 있어야 한다[52]) 혁명 조직을 건설하는 취지는 부분적으로는 이 문제를 다루기 위함이다. 즉, 지도부와 정책은 최상의 노선을 둘러싼 논쟁을 통해 바뀔 수 있다. 사실, 건강한 혁명 조직은 광범하고 다양한 운동에서 개인들을 한데 모으게 되므로, 이 조직은 운동 전체와 특정한 지역 운동이 성공할 수 있는 방안을 놓고 (개인들이) 논쟁할 수 있는 무대가 된다. 이런 논쟁은 다양한 운동을 통합해서 자본주의에 도전할 수 있는 더 폭넓은 운동으로 발전시키는 과정에 꼭 필요한 것일 뿐 아니라, 그를 통해 구성원들이 서로 다른 사람들의 성공과 실패에서 배울 수 있게 하고, 또한 그로 말미암아 정당이 이 교훈을 구체적으로 운동 내에 관철시킬 수 있게끔 해 주는 매우 귀중한 장치이기도 하다. 그러나 논쟁은 행동을 위한 것이므로 언젠가는 결정을 내려야 한다. 그 결정이 날카로운 논쟁을 통해 도달하는 합의(이는 더디기 이를 데

없는 합의와는 사뭇 다른 종류의 합의다)에 의한 것이든, 아니면 논쟁이 합의에 이르지 못했을 때 실시되는 투표에 의한 것이든 말이다.

혁명적 사회주의 정당이 미래 사회 상을 미리 보여 주는 형태가 아니라 투쟁의 무기라는 사실은, 그 정당의 내부 구조 문제가 효과적인 행동 수행력 문제보다 덜 중요하다는 점을 함의한다. 그렇지만 효과적인 행동을 하려면 또한 열린 논쟁이 필요하므로 내부의 민주주의는 이런 조직에 꼭 필요한 특징(적어도 외부의 제약이 허용하는 범위 내에서는)이다. 논쟁과 행동 사이에 팽팽한 긴장이 존재할 것이라는 점은 이런 종류의 구조에서 피할 수 없는 문제다. 불행하게도, 합의 추구라는 아나키즘의 대안은 비교적 동질적인 집단에서만 가능하며, 그런 집단이 더 일반적으로 사회 내에 존재하는 의견 분열에 면역이 돼 있을 때, 즉 그들이 이미 종파이거나 또는 종파로 변질될 때만 거듭 되풀이될 수 있다. 아나키스트들이 지적한 문제가 민주집중제 조직에 존재하지 않는다는 말은 아니다.(프랭크스는 레닌주의 정당 내의 종파주의 경향이라고 여길 수밖에 없는 조직의 유감스럽게 우스꽝스런 목록을 제시한다.)[53] 오히려 그런 문제는 사회주의 활동에 불가피하게 나타나는 특징이며, 정도의 차이만 있을 뿐 어떤 형태의 급진적 정치조직(아나키즘 조직과 자율주의 조직까지도 포함해서)에도 공통으로 존재한다.

인간 본성과 사회주의

민주주의 문제는 아나키즘의 더 근본적 문제, 즉 아나키즘의 인간 본성론 문제를 제기한다. 민주주의 자체에 관해, 19세기 프랑스의 아나키스트 프루동은 "보통선거권은 반혁명"이라고 불평했고, 비슷한 사상을 가진 러시아의 바쿠닌은 "정치조직은 모두 결국 자유를 부정할 수밖에 없는 운명을 타고났다"고 주장하면서 민주주의의 거부를 밝혔다.[54] 이 말은 찬찬히 생각해 보면, 스탈린주의의 위험성에 대한 선견지명 있는 경고라기보다는 사회주의뿐 아니라 민주적으로 사회를 조직하는 것 자체가 일절 불가능하다는 함의를 가진 매우 의미심장한 진술이다. 바쿠닌의 주장을 이해하려면, 아나키즘이 사회주의의 자본주의 비판과 자유주의의 사회주의 비판을 종합한 것이라는 자주 인용되는 주장을 검토해 보는 게 유용할 것이다.[55]

그 주장이 겉보기에는 매력적이지만, 그런 종합에는 근본적 어려움이 있다. 자유주의자와 사회주의자는, 매우 상이한 정치적 방향을 가리키는 매우 다른 인간 본성론을 고수하기 때문이다. 자유주의는 그 분석의 출발점으로 원자화하고 이기적인 개인을 가정하는 반면, 사회주의, 적어도 마르크스의 사회주의는 인간 개성의 사회적 성격을 인정한다.[56] 사람들이 본성상 이기적이라는 자유주의의 가정을 따르면, 사람들 위에 군림하는 소외된 권력(국가) 외에 다른 사회조직을 생각해 내기 어려울 것이다. 이때 국가는 개인의 자유에 대한 필수불가결한 보증인인 동시에 그 자유에 대한 위협이다. 따라서 자유주의자들에게 국가는 토머스 페인의 적절한 표현처럼 "필요악"이다! 어떤 의미에서 아나키즘은 인간 본성에 대한 더 낙관적 견해를 바탕으로 이 관점을 급진화한 것으로 이해할 수 있다. 곧, 아나키즘은, 어떤 형태를 띠든 악惡일 수밖에 없는 국가가 실제로 필요하다는 생각을 거부한다. 그러나 아나키즘이 민주주의 논의에 침묵하는 것은 민주적인 정치 구조는 결국 국가가 될 수밖에 없고 따라서 "자유의 부정"일 수밖에 없다는 그들의 관점을 반영한다.

아나키스트들이 모두 이처럼 이기적이고 개인주의적인 단순한 인간 본성 이론을 받아들인 것은 아니다. 비록 이런 인간 본성론이 지난 세기에 미국의 아나키즘 내에서는 지배적인 목소리였지만, 유럽의 아나키즘은 훨씬 더 사회적인 인간 본성 개념을 받아들이는 경향이 있었다. 프루동과 바쿠닌, 특히 표트르 크로포트킨은 "연대의 정신으로 뒷받침된 사회, 그리고 그 안에서 인간의 자유가 공동체적 개인이라는 관념을 통해 매개되는 유기적 통일체로 인식되는 사회에 대한 폭넓은 신념"을 분명히 말한 바 있다.[57] 그러나 데이비드 몰런드가 고전적 아나키즘의 인간 본성론을 철저히 분석하면서 주장하듯이, 사회적 아나키즘은 사회주의와 자유주의를 성공적으로 종합하지 못했고, 오히려 이 두 가지 서로 다른 인간 본성론을 한데 모아 어색한 조합, 즉 자유주의의 이기적이고 개인주의적인 개념과 좀 더 사회주의적인 요소를 한데 묶어 일반화함으로써 "인간 본성 문제에 대해 해결 불가능한 교착 상태"를 낳아 버린 어색한 조합을 만들어 냈을 뿐이다.[58] 이와 반대로 마르크스는 우리가 살고 있는 사회의 종류에 의해 인간의 개성이 형성된다고 인식했으므로 현대 개인주의의 사회적·역사적 원인을 파악할 수 있었고, 민주화가 반드시 새로운 형태의 부자유로 귀결되는 것은 아니며, 오히려 개인의 자유의 영역과 본질을 확장시킨다는 점을 이해할 수 있었다.[59] 그러므로 마르크스와 엥겔스는 조직이 권위를 함축한다는 점에 대해서는 바쿠닌과 같은 의견이었지만, 사회 자체가 곧 조직이므로 권위가 없는 사회를 상상하는 것은 어리석은 일이라는 점을 인식하고 있었다.

이런 관점에서 보면 사회주의를 위한 투쟁은 권위에 대항한 투쟁이라기보다는 비민주적 형태의 권위를 타파하고 그것을 민주적 대안으로 바꾸려는 투쟁이다. 자유주의와 아나키즘은 인간성의 사회적 측면을 국가라는 소외된 형태 외의 다른 것으로 상상하지 못하는 반면에, 마르크스는 노동자들이 오직 집단적 조직을 통해서만 자신들을 해방시킬 수 있으므로 그들의 연대는 자신들의 소외에 대한 구체적인 민주적 대안을 지향한다고 주장했다. 그래서 엥겔스는 모든 혁명적 사회주의자들이 "장차 사회

혁명의 결과로 정치적 국가, 그리고 그와 함께 정치적 권위도 사라지게 될 것"이라는 점에 동의하지만, 이것이 곧 사회조직의 종말을 의미하지는 않을 것이라고 말했다. 오히려, 그는 사회주의 사회에서는 사회가 정치적 성격(소외된)을 잃게 되고 그 대신에 행정 기능의 민주적 통제라는 형태를 취하게 될 것이라고 주장했다.[60] 따라서 마르크스주의자들이 어떤 사회에 대해 던지는 주요 질문은 '그것의 특징은 모종의 권위인가(그 대답은 항상 '그렇다'일 것이다)'가 아니라, '권위가 민주적으로 통제되고 있는가, 그렇지 않다면 누가 그것을 통제하고 있는가'다. 헤르버트 마르쿠제가 말했듯이, 마르크스는 권위의 종말을 기대한 것이 아니라 권위의 완전한 민주화를 기대한 것이다.[61]

게다가 사회구조는 시간이 흐를수록 진화하므로 사회 자체가 역사적 성격을 갖는다. 사회를 민주적으로 통제하려 한다면, 우리는 특정한 역사적 시기에 그 사회가 나타내는 구체적 성격을 먼저 검토해야 한다. 선사시대의 수렵 채집자에게 사회는 개인이 속한 작은 집단이었을 것이다. 그와 달리, 오늘날 우리는 국제 분업이 특징인 세계 속에 살고 있으므로 우리의 사회는 지구 전체다. 따라서 우리 사회의 문제들, 그리고 궁극적으로 그 문제들의 해결책은 전 지구적인 것이다. 지역적 활동은 더 나은 세계를 위한 투쟁에서 꼭 필요한 요소지만, 최종적 성공은 오직 전 지구적 규모에서 사회를 민주화해야만 얻을 수 있다. 아나키스트들이 마르크스의 또 다른 범죄라고 여긴 것, 즉 중앙집중제의 물질적 기초는 국가 중심주의를 매우 좋아했다는 점이 아니라 바로 이 점이었다.[62]

마르크스가 말한 중앙집중제가 사회의 물질적 변화에 근거하고 있다는 사실은 아나키즘의 또 다른 신화, 즉 마르크스는 "정부 형태를 바꾸기만 하면, 또는 사회주의자들이 정부를 통제하기만 하면" 자본주의의 소외를 극복할 수 있을 것으로 생각했다는 신화를[63] 반박한다. 마르크스는 정치 활동 초기부터 줄곧 정반대를 주장해 왔다. 즉, 해방을 위한 투쟁의 성공은 단지 정부를 바꾸는 것으로는 이뤄질 수 없고, 훨씬 더 근본적인 사회운동에 바탕을 둬야 한다는 것이다.

파리코뮌

마르크스가 정부 교체만으로 충분히 사회주의를 이룰 수 있다고 생각했다는 신화에 합리적 핵심이 있다면 그것은 정치적 요구 제기 문제, 즉 정부에 개혁을 요구하는 문제를 둘러싸고 제1인터내셔널의 아나키스트들과 벌인 논쟁으로 그 기원을 거슬러 올라갈 수 있다.

프루동과 바쿠닌의 인간 본성론에서 추론해 보면, 두 사람은 모두 국가와 정부의 소멸을 통해서만 되찾을 수 있는 자연스러운 사회적 조화가 존재한다고 믿었다.[64] 그래서 영국 노동조합 활동가들의 지지를 받은 마르크스는 개혁을 위해 투쟁해야 한다고 강조한 반면에(마르크스는 노동자들이 개혁을 획득하고 새로운 입법을 요구하며 행동했을 때 그들은 "정부 권력을 강화시킨 게 아니라, 오히려 자신을 억압하는 데 사용됐던 그 권력을 그들 자신의 대리 기관으로 변모시켰다"고 주장했다[65]), 그를 비판한 아나키스트들은 국가에 요구하는 것은 사태를 악화시킬 뿐이라고 믿었다. 마르크스의 위의 말은 그를 개혁주의자로 오해할 수 있는 여지를 남겼지만,[66] 그런 말은 그가 노동계급 내에서 사회주의 의식을 발전시키고 강화하려고 노력한 과정의 일부로 봐야 한다. 콜린스와 아브람스키가 제1인터내셔널에 대한 중대한 연구에서 지적했듯이, 마르크스는 "노동조합 투쟁은 노동자들이 완전한 해방을 향해 가는 도중에 반드시 지나야 하는 필요한 국면을 나타낸다"고 생각했다.[67] 국가에 대한 요구는 기본적으로 노동자 운동 내부에서 발생한 것이었고, 마르크스는 노동시간 단축 같은 개혁을 그 자체로도 이로운 것이고, 또 오직 혁명을 통해서만 궁극적으로 실현될 수 있는 장기간의 사회주의적 변화 과정의 일부라며 지지했다.

이 사실은 파리코뮌에 대한 마르크스 자신의 언급에 매우 명백히 나타나 있다. 아마 마르크스의 파리코뮌 분석이 그를 '국가

사회주의자'라고 보는 신화를 날려 버렸으므로, 그 분석은 마르크스의 정치에 대한 아나키스트들의 선입견과도 잘 들어맞지 않을 것이다. 마르크스가 "노동계급이 단순히 기존의 국가기구를 인수해서 자신의 목적에 맞게 이용할 수 없음"을 보여 준 생생한 사례가 코뮌이었다고 주장했는데도[68] 바쿠닌은 마르크스주의자들이 "국가의 정치권력을 장악하기 위해 노동자들의 세력을 조직해야 한다고 믿는다"고 주장했다.[69] 그리고 피터 마셜 같은 아나키스트들은 마르크스와 엥겔스, 레닌이 코뮌을 프롤레타리아 독재의 사례로 받아들인 것을 두고 "역사의 아이러니"라고 일축했지만,[70] 실제로 코뮌을 개념화하는 데서 훨씬 더 심각한 문제가 있는 것은 바로 아나키즘이다.

마르크스는 코뮌을 분석하면서, 비록 국가권력의 낡은 구조가 (적어도 파리에서는) 분쇄됐지만, 노동자들이 그 낡은 구조 대신 세운 것은 권위의 부정이 아닌 자신들의 지배였다고 지적했다. 즉, 코뮌은 파리에서 (겉으로만 그럴듯한 의회 권력이 아니라) 진정한 권력을 가진 "노동계급 정부"였다. 그는 바로 이것이 프롤레타리아 독재,[71] 또는 더 단순하게 말하면 노동계급의 지배라고[72] 설명했다. 그리고 비록 마르크스주의자들이 이 상황을 노동자 국가로 묘사했지만, 더 정확히 말하면, 여기서 "국가"라는 단어는 오해의 소지가 있다. 몇 년 후 엥겔스가 "코뮌을 겪은 후에는, 국가에 관한 모든 헛소리는 그만해야 한다. 왜냐하면 코뮌은 더는 진정한 의미의 국가가 아니었기 때문이다"[73] 하고 논평했듯이 말이다. 노동자 국가는 이전의 모든 국가와 달리 소수의 지배가 아닌 다수의 지배를 나타내므로, 더는 착취적 사회관계를 유지하는 전문적 강압 기구가 아니다. 그리고 비록 코뮌이 이 점을 보여 줄 만큼 충분히 오래 지속되진 못했지만, 이런 구조조차 부르주아 반혁명의 위협이 줄어들면 점차 사라지게 될 것이다.

반대로, 바쿠닌이 자신을 "모든 정부와 모든 국가권력의" 적이라고 선언했던[74] 사실에 비춰 보면, 그가 어떻게 코뮌을 받아들일 수 있었는지 이해하기 어렵다. 사실, 크로포트킨은 몇 년 후에 바쿠닌과 매우 유사한 입장에서, 코뮌의 주요 실패 요인은 대의제 구조를 받아들인 탓에 의회제 정부의 전형적 해악을 재현했기 때문이라고 주장했다. 크로포트킨은 코뮌의 약점이 그 지도자들이 아니라 코뮌이 받아들인 '체제'에서 비롯했다고 주장했다.[75] 아나키즘의 관점에서 보면, 크로포트킨이 바쿠닌보다 더 일관된 것처럼 보일 것이다. 즉, 코뮌은 대의제 정부 형태를 유지했고, 따라서 아나키스트가 반대해야 할 또 다른 사례, 즉 국가에 불과했다. 이런 혼합에 마르크스가 덧붙인 것은 '국가 중심주의' 옹호가 아니라, 비록 코뮌이 국가와 정부 형태의 여러 측면을 유지하고 있었지만 일단 새로운 계급이 권력을 잡자 그 내용이 근본적으로 변했다는 인식이었다. 혁명 문제에 대한 이런 접근법은 고전 마르크스주의에 대한 아나키스트들의 또 다른 신화, 즉 고전 마르크스주의가 자코뱅주의의 일종이라는 신화도 날려버린다.

자코뱅주의, 블랑키주의, 마르크스주의

마르크스는 정부 교체만으로도 사회주의를 이룰 수 있다고 생각한 국가 중심주의자였다는 주장은, 그가 프랑스 혁명의 가장 극단적인 국면에서 활동한 자코뱅주의 혁명가들의 한계를 벗어나지 못했다는 혐의와 관계있다. 예를 들어, 바쿠닌은 《국가 중심주의와 아나키 Statism and Anarchy》라는 자신의 저서에서, "(마르크스는) 교육에 의해서든 타고난 천성에 의해서든 자코뱅주의자이며, 그가 가장 좋아하는 이상은 정치적 독재다" 하고 주장했다.[76] 마르크스의 이른바 권력의지에 관한 바쿠닌의 헛소리는 한쪽으로 제쳐 놓더라도, 자코뱅주의 혐의는 중요한 것이며 논박할 필요가 있다.

1793~94년의 1년 동안, 자코뱅 낭워들은 프랑스 혁명의 최전선에 있었다. 로베스피에르의 지도를 받던 이들은 정부를 이끄는 동안 모순된 처지에 놓여 있었다. 한편으로 그들은 루소가 말한 "일반 의지"의 도구로서 행동하고 있다고 생각했다. 그러나 다른 한편으로 그들은 계급으로 분열된 사회에서 어떻게 공익

(공동선)이 존재할 수 있으며 어떻게 대표될 수 있는가 하는 문제를 결코 적절하게 다룰 수 없었다. 사실, 자코뱅 당원들은 일반 의지를 대표하기는커녕 이른바 상퀼로트라는 도시 "소상인들, 수공업자들(장인과 직인을 모두 포함해서), 하인들, 날품팔이들"의 지지를 얻어 권력을 잡았으며, 또한 그들의 이익을 효과적으로 대변했다.[77] 로베스피에르는 실제로 자신의 사회적 기반의 제한적 성격을 인식하고 있었으므로, 비록 그가 이론적으로 적절하게 설명할 수는 없었지만 공익이 "개인들의 단점과 결함"을 바로잡는 교정책으로서 사회에 강요돼야 한다고 믿게 됐다.[78] 그래서 민주주의를 열렬히 옹호했음에도 로베스피에르는 "민주주의가 위로부터 지도돼야 한다"는 생각뿐 아니라 "민중의 자발적·혁명적 열정에 의존하면 안 된다"는 생각도 거의 무조건 고수했다.[79] 공식적으로는 민주적인 그의 정치와 그의 제한된 사회적 지지 기반 사이의 바로 이 모순 때문에 혁명에 대한 외부의 군사 개입이 존재하는 상황에서 공포정치가 생겨났다.

다니엘 게랭은 비록 혁명이 반드시 독재로 타락하고 만다는 생각을 거부했지만, 그럼에도 마르크스가 자신의 정치에 내재한 "코뮌적" 측면과 "자코뱅적" 측면의 긴장 관계를 완전히 극복하지 못했고, 레닌은 자코뱅의 길을 따라 훨씬 더 멀리까지 나아갔다고 생각했다.[80] 레닌에 대한 이와 같은 언급은 "프롤레타리아의 조직과 완전히 일체감을 느끼는 자코뱅주의자, 즉 자신의 계급 이해관계를 자각한 프롤레타리아는 혁명적 사회민주주의자"라는[81] 레닌의 유명한 말을 가리키는 것이다. 이 구절은 레닌이 적어도 자코뱅주의의 한계를 벗어나지 못했다는 증거로, 그리고 그 때문에 러시아 혁명도 프랑스 혁명처럼 공포정치로 끝날 운명이었다는 증거로 자주 인용돼 왔다. 그러나 레닌이 그렇게 쓴 전후 문맥을 살펴보면, 자코뱅주의를 먼저 거론한 것은 마르크스주의를 비판하면서 혁명 정치를 전면 폐기하고자 했던 개혁주의자들이었음을, 그리고 레닌은 마르크스주의자들이 (자코뱅 당원들처럼, 그러나 사뭇 다른 상황에서) 지배 질서에 가장 단호하게 반대하는 사람들이라는 점을 지적하고 있었음을 분명히 알 수 있다.[82]

매우 열렬한 마르크스 연구자이던 레닌에게, 자코뱅주의가 출현한 사회 조건과 현대 사회주의의 출현을 뒷받침한 사회 조건의 차이를 구별하는 것은 기본이었을 것이다. 미셸 뢰비는 마르크스가 분명히 로베스피에르의 "역사적 위대함과 혁명적 에너지"를 존경했지만, 자코뱅주의를 "사회주의 혁명 방식의 모델이나 영감의 원천"으로 받아들이는 것은 분명히 거부했다는 점을 지적한다.[83] 실제로 마르크스는 자신의 초기 저술들에서 이미 헤겔의 자코뱅주의 비판에 의지했다. 헤겔은 로베스피에르의 공포정치가 국민 "성향과 종교"의 사전 변화에 근거하지 않는 비전을 위에서 아래로 사회에 강요하려는 시도에 꼭 필요한 것이었다고 봤다.[84]

마르크스는 헤겔의 주장이 설득력이 있음을 잘 알고 있다고 인정했지만, 자코뱅주의가 혁명적 프로젝트의 한계를 드러냈다는 주장에는 동의하지 않았다.[85] 오히려 그는 혁명 지도부와 민중 사이의 이 간극은 혁명의 일반적 특징이 아니라, 프랑스 혁명의 부르주아적 성격을 반영한 것이었다고 주장했다. 마르크스는 자신의 정치와 자코뱅주의의 질적 차이를 지적하면서 부르주아 혁명과 현대 프롤레타리아 혁명을 구분했다.[86] 마르크스는 부르주아 혁명이 막 생겨나고 있는 자본주의 생산관계와 기존의 전前자본주의적 국가 사이의 모순이 발전해 일어났고 그 혁명이 성공하면 자본주의의 지속적 발전을 가로막는 족쇄가 제거됐다고 봤다. 비록 이 혁명은 일반으로 전근대적 위계질서와의 진보적 단절이라는 특징이 있었지만, 한 지배계급에서 다른 지배계급으로의 권력 이양이라는 특징도 있어서, 그 지도부와 민중 사이에 모순 관계를 포함하고 있었다. 예를 들어, 비스마르크의 독일 통일 같은 '위로부터의' 부르주아 혁명에는 어떤 형태의 대중행동도 없었다. 반대로, 영국과 미국, 프랑스에서 일어난 '아래로부터의' 부르주아 혁명은 하층 계급의 참여를 통해 승리했지만, 결국은 [독일 사례와] 마찬가지로 빈민층을 권력에서 배제했다. 이와 달리, 프롤레타리아 혁명은 노동계급이 노동계급을 위해 일으키므로("노동계급의 해방은 노동계급 스스로 이뤄 내야 한다"[87]) 그 혁명의 실행이나 결과 모두 질적으로 훨씬 더 민주적일 수밖에 없었다.

부르주아 혁명과 프롤레타리아 혁명의 차이에 대한 마르크스의 구분은, 그와 로베스피에르 사이에 끊어지지 않은 궤적이 있다는 주장에 담긴 근본적 문제점을 보여 준다. 로베스피에르와 달리, 마르크스는 계급으로 분열된 사회에서는 보편적으로 받아들여질 수 있는 공익(공동선) 개념이 존재할 수 없다는 점을 매우 분명히 알고 있었다. 하지만 그는 오직 노동자들의 집단적 투쟁만이 (다른 계급에게도 호소력이 있는 방식으로) 자본주의의 소외를 해결할 대안 체제를 지향할 수 있다는 점도 분명히 알고 있었다. 현대 사회주의가 오직 현대 노동계급이 출현한 후에야 가능해졌다면, 이 가능성이 실현되기 위해서는 운동 내부에서 지도력을 획득하려는 사회주의자들이 적어도 두 측면의 투쟁을 벌여야 한다. 즉, 마르크스주의자들은 노동계급 내에서 사회주의의 헤게모니[88]를 위해 투쟁해야 하는 동시에, 더 일반적으로는 사회 전체에서 노동계급의 사회주의적 헤게모니가 관철되도록 투쟁해야 한다. 따라서 마르크스의 혁명 전략의 핵심은 새로운 사회 세력의 출현(자본주의의 성장, 그리고 그와 함께 현대 노동계급의 성장) 위에 세워졌다. 이런 이유로, 마르크스의 혁명 전략은 더 나은 세계를 실현하려 했던 이전의 어떠한 (위로부터의, 국가 중심주의의) 노력과도 다르며, 왜 혁명가들이 역사를 제대로 아는 게 그토록 중요하다고 마르크스가 생각했는지를 설명하는 데도 어느 정도 도움이 된다. 사회주의 혁명이 특정한 역사적 상황에서만 가능하다면, 그 상황이 어떤 것인지, 그리고 그 상황이 다른 혁명적 순간을 만들어 낸 조건과는 어떻게 다른지를 아는 것이 매우 중요하다.

마르크스와 달리, 자코뱅의 전통을 이어받은 사회주의자들도 19세기에 있었다. 마르크스는 그들의 정치와 거리를 뒀다. 예를 들어, 프랑스 사회주의자 블랑키는 노동자들을 대신해서 행동하는 소수 혁명가 엘리트 집단이 혁명을 일으키는 것이라고 생각했다.[89] 엥겔스는 파리코뮌 이후에 블랑키주의자들에 대해 언급하면서, 그들의 사회주의 모델은 계급투쟁이나 사회주의 자체의 역사적 기초 등에 대한 적절한 설명으로 뒷받침되지 않으므로, 그들은 "정서적으로만 사회주의자"일 뿐이라고 주장했다. 엥겔스와 마르크스가 드러나지 않은 자코뱅주의자라는 주장과는 극히 대조적으로, 엥겔스는 혁명이 "소수 혁명가들이 감행하는 기습"이어야 한다는 블랑키의 제안을 거부했고, 블랑키주의자들의 (자코뱅주의적) 방식은 '독재'로 끝날 '한물간' 혁명 모델일 뿐이라고 주장했다.[90]

어떤 의미에서 마르크스주의는 아나키즘과 블랑키주의의 차이를 초월했다. 마르크스주의는 아나키즘처럼 진정한 아래로부터의 운동에 기반을 두고 있었지만, 블랑키주의처럼 낡은 국가를 전복하는 데서 사회주의자들의 지도력이 결정적 구실을 한다는 것도 인식하고 있었다. 중요한 점은 사회주의적 지도력이 현실 운동에 위로부터 강요되는 것이 아니라, 그 현실 운동에 기반을 둬야 한다는 점이다. 트로츠키가 주장했듯이, 지도와 자발성을 대립시키는 것은 잘못이다. 왜냐하면 이 둘은 동일한 동전의 양면으로 이해해야 하기 때문이다.[91]

혁명 문제에 대한 이런 관점은 마르크스와 엥겔스가 1845년에 정교하게 발전시킨 일반 모델의 한 측면을 완성했다. 그들은 혁명이 필요한 이유는 "다른 어떤 방법으로도 지배계급을 타도할 수 없기" 때문이기도 하지만, "지배계급을 타도하는 그 계급[노동계급]은 오직 혁명을 통해서만 오래전부터 눌어붙은 오물을 모두 떨쳐 내고 새로운 사회를 건설하는 데 적합하게 되기" 때문이라고 주장했다.[92] 이런 '아래로부터의 사회주의' 개념은 마르크스주의를 온갖 형태의 국가사회주의뿐 아니라 아나키즘의 국가 중심주의 반대와도 구분 짓게 하는 결정적 특징이다. 마르크스와 (계급투쟁에 참여하는) 아나키스트들은 목표는 똑같지만 수단이 다를 뿐이라는 몇몇 아나키스트들의 주장은 부분적으로만 옳다.[93] 왜냐하면 마르크스는 아나키즘 이론의 한계를 뛰어넘어서 사회적 권위의 민주화를 위해 싸웠기 때문이다. 한편으로 마르크스주의자들은 아나키스트들처럼 자본주의 국가를 분쇄하기 위해 싸우지만, 다른 한편으로 우리 마르크스주의자들은 민주주의의 진보를 위해서는 때때로 국가의 행동이 더 많이 필요하다는 사실도 인식하고 있다. 미국에서 보건의료 개혁에 반대하는 자들이 사용하는 국가 중심주의 반대 미사여구를 떠올려 보면, "시대와 장소를 불문하고 '자유로운 개인의 주적'은 바로 국가라는 주장이 얼마나 터무니없고 비역사적인지" 알 수 있다.[94]

아나키즘 이론의 자유주의적 측면은 자유와 권위의 관계를 제로섬 관계로 묘사하는 반면에, 마르크스주의자들은 (개인의 자유가 사회조직에 의해 형성되기 때문에) 개인의 자유는 오직 모종의 조직 속에서만 실현될 수 있다고 주장한다. 이런 관점에서 보면, 자유와 권위는 서로 충돌하는 관계가 아니라 상호 보완적 개념이라고 이해해야 한다. 즉, 권위가 민주화할 때 자유가 확장될 수 있다. 따라서 민주주의라는 우리의 목표가 권위의 한 형태라면, 그 반대는 권위가 없는 상태가 아니라 비민주적인 권위다.

이 주장은 마르크스주의자들이 권력을 잡으면 그들의 국가는 "매우 소수의 신종 귀족이 대중을 상대로 독재 권력을 휘두르는 정부가 되고 말 것"이라고 했던[95] 바쿠닌의 유명한 예측을 폭로한다. 이미 봤듯이, 많은 아나키스트들이[96] 그리고 (매우 이상하게도) 몇몇 마르크스주의자들도[97] 바쿠닌의 이 말을 관료화의 위험성을 설득력 있게 경고한 말로 인용해 왔다. 그러나 이 말은 결코 그렇게 이해할 수 없다. 오히려 로베르트 미헬스*의 유명한 "과두제의 철칙"이라는 말의 선구적 표현으로 이해해야 한다. 이

---

* 막스 베버의 제자로 20세기 초와 1930년대에 저술했던 독일 사회학자. 사회민주주의자였다가 제1차세계대전 후 파시스트로 전향했다. 모든 조직은 어떻게 시작했든 결국 과두제로 끝난다는 주장으로 유명하다.

법칙에 따르면, 조직은 모두 필연적으로 지배 엘리트를 만들어 낸다.[98] 던컨 핼러스는 이런 식의 주장이 민주집중제 조직에 적용되면 "세속화한 원죄설"[99] 비슷하게 돼 버린다고 논평한다. 즉, 원죄설이 우리에게 고난으로 가득 찬 삶을 선고하듯이, 모든 조직이 자유를 부정한다는 아나키즘 사상에서는 자본주의의 진보적 대안에 대한 희망을 별로 찾지 못하게 된다는 것이다. 아나키즘 사상의 형식적 급진성에도 불구하고 말이다.

결론

마르크스주의자들과 아나키스트들이 이런 목표를 위해 서로 다른 수단으로 싸우는 것은 실은 그들의 목표가 서로 다르기 때문이다. 이미 살펴봤듯이, 아나키스트들이 국가를 뛰어넘어 자연스럽고 초역사적인 사회적 조화를 상상하는 경향이 있다면, 마르크스주의자들은 사회주의를 역사적으로 새로운 사회관계의 출현을 바탕으로 한 사회의 완전한 민주화로 여긴다. 따라서 아나키스트들은 직접행동을 통해 자유를 미리 보여 주려고 노력하는 반면에, 마르크스주의자들은 노동계급 내에서, 그리고 (반자본주의 활동가들 사이에서) 노동계급 쪽을 향하며 사회주의를 위해 투쟁한다. 직접행동에는 느슨한 연방제적 조직 구조만 필요하지만, 국가에 맞서 사회를 민주화하려는 투쟁에는 자원을 집중시켜 성공 가능성을 극대화할 수 있는 민주적이고도 중앙집중적 전투 조직이 필요하다. 아나키스트들은 이것이 상명하달식 지도부 모델을 수반할 것이라고 주장하지만, 그렇지 않다. 오히려, 그런 정당이 성공하려면 아래로부터의 운동을 대변해야 할 뿐 아니라 그와 동시에 운동의 편협한 부문주의에 맞서 투쟁해야 한다. 이런 지도부 모델은, 클리프가 주장했듯이, 모종의 관리통제주의나 지적 엘리트주의로 이해해서는 안 되며, 투쟁 속의 동지 관계에 바탕을 둔 것으로 이해해야 한다.

> 혁명적 정당은 외부에 있는 노동자들과 대화를 해야 한다. [혁명적 정당은] 전술을 난데없이 만들어 내서는 안 되며, 대중운동의 경험에서 배워서 일반화하는 것을 으뜸가는 임무로 삼아야 한다. … 마르크스주의자들은 사회주의에 근거해 사회를 재편하려는 노동계급의 본능적 충동을 의식적으로 표현[해야] 한다.[100]

클리프는 이 지도부 모델을 아무 근거 없이 도출해 내지 않았다. 그것은 제1차세계대전 종전 무렵 잠시 마르크스주의가 부활했던 것을 연구해서 얻은 교훈이었다. 이 운동은 전쟁 전에 개혁주의에 대한 반발로 노동자 운동 내에 나타났던 신디컬리즘 조류와 유사한 뿌리에서 나왔다. 신디컬리즘은 아래로부터 계급투쟁이 부활한 것의 뒷받침을 받았고, 부르주아 정치의 대안으로 노동계급의 자기해방이라는 마르크스의 사회주의 개념과 함께 프루동과 바쿠닌의 직접행동 개념을 원용했다.[101] 최근의 반자본주의자들처럼, 신디컬리스트들은 "의회주의의 특징인 타협과 기회주의 형태의 '정치'를 극도로 경멸했다."[102] 부활한 마르크스주의 운동도 비록 신디컬리스트들과 마찬가지로 개혁주의적 좌파의 기회주의 정치를 혐오했지만, 마르크스의 폭넓은 정치 개념을 재활용함으로써 신디컬리즘의 한계를 뛰어넘었다. 레닌과 트로츠키와 룩셈부르크의 저작에서 영감을 얻은 이 운동은 특히 레닌의 1917년 저작인 《국가와 혁명》에서 최고의 정치적 표현을 발견했다. 《국가와 혁명》은 국제 사회주의 운동이 개혁주의로 전락한 것의 지적 기원을 마르크스의 국가 비판이 제2인터내셔널 내에서 의도적으로 왜곡된 것에서 찾았다.

안토니오 그람시의 궤적은 20세기 초반의 이 부활한 마르크스주의와 아나코신디컬리즘 사이의 차이점과 유사성을 모두 보여 준다. 그는 1919~20년에 토리노에서 〈신질서 L'Ordine Nuovo〉라는 사회주의 신문을 발행한 자신과 그 주변 사람들이 신디컬리스트처럼 행동했다는 비판에 "그렇다. 신디컬리스트들처럼, 그러니 제2인터내셔널 내에서 점차 득세하는 개혁주의적 마르크스주의자들에 맞서서 우리 그룹은 '추상적' 지도력 모델을 제공하지 않고 노동자들의 정말로 자발적인 아래로부터의 운동에 사회주의의 기반을 두려 했다"고 응수했다. 그러나 이런 태도의 약점(그람시가 보기에 신디컬리즘의 더 일반적인 약점)은 〈신질서〉가 토리노 노동자와 남부 이탈리아 농민의 요구를 연결해, 이탈리아 국가를 전복하고 노동자 평의회에 기반을 둔 민주주의를 건설한다는 목표를 구체화할 수 있는 전략을 분명히 제시하지 못했다는 점이다.[103]

그 후 몇 년 동안 그람시는 〈신질서〉 시기의 장점을 바탕으로 이 약점을 극복하려고 노력했다. 그는 아나코신디컬리스트들처럼, 자신의 실천을 평범한 노동자의 일상적 투쟁에 바탕을 두려 했다. 하지만 그들과 달리, 이런 관점을 정치적 전략으로 확장시켜서 광범한 반자본주의 운동의 일환으로 자본주의 국가를 '분쇄'할 뿐 아니라 민주적 대안을 건설하는 것도 목표로 삼았다.[104] 이 목표와 이 목표를 성취하기 위해 그가 추구했던 레닌주의적 수단은 '국가사회주의'라는 딱지와는 아무런 공통점도 없다.

그람시의 전략은 마르크스의 인간 본성 개념과 그 필연적 결과인 긍정적인 민주주의 모델을 전제로 하고 있다. 레닌이 아래로부터의 사회주의 전통에 기여한 바는, 좌파가 사회 전체에서 다수를 설득하고 낡은 국가를 분쇄하려면 민주적이고 중앙집중적 정당이 필요하다는 것을 보여 줬다는 점이다. 그람시는 바로 레닌에게서 정치를 배웠고, 마르크스주의에 대한 이 둘의 기여는 아나키즘의 비일관성에 대한 마르크스의 비판에 근거하고 있을 뿐 아니라, 오늘날까지도 반자본주의 활동가들과 사회주의자들에게 풍부한 교훈을 주는 원천으로 남아 있다.

후주

1 이 글의 초안을 읽고 논평해 준 콜린 바커, 알렉스 캘리니코스, 조셉 추나라, 크리스틴 고튼, 특히 크리스 하먼에게 감사한다. 크리스 하먼의 상세한 논평은 여전히 관대하면서도 최고의 통찰력을 보여 주었다. 그는 영감을 주는 멘토였다. 이 에세이를 그에게 바친다.
2 예를 들어, 가장 최근의 것으로는 Callinicos and Nineham 2007, p93이 있다.
3 파리코뮌에 대해 좀 더 일반적으로, 그리고 그 중요성에 대한 아나키즘과 마르크스주의의 해석을 좀 더 구체적으로 살펴보고 싶으면, Gluckstein 2006, 특히 pp181-207을 보시오.
4 Guérin, 1970, p12.
5 Chomsky, 1970, pp xv, xviii.
6 드레이퍼는 "사회주의의 두 가지 정신"이라고 부르는 매우 유명한 구분, 즉 "위로부터의 사회주의(스탈린주의와 개혁주의)"와 "아래로부터의 사회주의(고전 마르크스주의)"를 제시했다. Draper, 1992, pp2-33.
7 Draper, 1992, pp6, 11; Draper, 1999, p187.
8 Guérin, 1970, p86.
9 Chomsky, 2005, pp182-184; 그리고 레닌주의는 결국 "독재와

반동"으로 귀결됐을 뿐이라는 버크맨의 주장을 보시오. Berkman, 1989, piv.
10 계급투쟁에 참여하는 아나키즘과 자율주의적 마르크스주의의 유사성에 관해서는 Franks, 2006, p12를 보시오; Day, 2005, p10.
11 예를 들어, Franks 2006, p15를 보시오.
12 예를 들어, Franks, 2006, p226.
13 Bakunin, 1990, p143.
14 Callinicos, 2003, p299.
15 마르크스주의를 우스꽝스럽게 묘사하는 아나키스트들의 주장에 합리적 핵심이 있다면, 그것은 20세기 들어 마르크스주의자를 자처하는 목소리들 중 가장 강력한 것들이 바로 우리가 생각하는 사회주의와는 거리가 먼 야만적인 체제를 이끌었던 국가 중심주의자들(스탈린주의든 아니면 마오주의의 일종이든)이었다는 사실이다. 그러나 이미 마르크스의 사회주의 비전이 옛 스탈린주의 국가들의 사회주의 참칭에 대한 내재적 비판의 기초를 제공했고(Thomas, 1980, p122), 그리고 본지(《인터내셔널 소셜리즘》)가 오랫동안 스탈린주의 정권들과 마오주의 정권들이 결국 자신들의 독재를 정당화하기 위해 마르크스와 레닌 사상의 조악한 짝퉁을 잘 활용한 관료적 국가자본주의의 변형들일 뿐이라는 주장을 해 왔으므로, 여기서는 같은 주장을 반복하지 않겠다(예를 들어, Harman, 1990을 보시오).
16 Marshall, 2008, p305.
17 Blackledge, 2006.
18 Holloway, 2002, pp11-18.
19 Lenin, 1968, p304.
20 Molyneux, 1986, p76.
21 특히 Lukács, 1971, pp295-342를 보시오.
22 우리가 앞으로 보게 되듯, 아나키스트들(또는 최소한 그들 중 대부분)은 조직 건설 자체를 거부하지는 않는다. 그러나 그들은 정치를

국가권력 획득과 관련된 것으로 매우 협소하게 규정하는 경향이 있기 때문에 정치조직을 거부한다.

23 Lenin, 1993, p32.
24 Trotsky, 1921.
25 Lenin, 1961b, p423.
26 Lenin, 1961a, p328.
27 Marshall, 2008, p25.
28 Lukács, 1970, p63.
29 사회주의 정치에서 이런 구분의 중요성을 개관한 것은 Hallas, 1979, chapter 3을 보시오.
30 Franks, 2006, p262.
31 랜덜 암스터Randall Amster를 포함한, 아나키즘에 관한 최근의 학술 선집의 공동 편집자들은 "프루동이 요구한 국가 없는 사회는 아나키즘 사상의 특징이 됐다"고 주장했다.(Amster and others, 2009, p3)
32 Woodcock, 1962, p28. 프랭크스는 직접행동이 "현대 아나키즘의 실천에서 결정적으로 중요해졌다"고 설명한다.(Franks, 2006, p17)
33 콜린 워드Colin Ward는 아나키즘적 공산주의, 아나키즘적 신디컬리즘, 개인주의적 아나키즘, 평화주의 아나키즘, 환경 아나키즘, 아나키즘적 페미니즘이라는 목록을 만들었다.(Ward, 2004, pp2-3, 그리고 Franks, 2006, pp12-18도 보시오.) 자유지상주의적 사회주의 경향 아나키스트인 머레이 북친은 라이프스타일 아나키스트들의 "구조나 조직, 대중 참여 등을 오만하게 비웃는 마음가짐, 유치하고 우스꽝스런 장난질"을 신랄하게 비판하는 글을 썼다.(Gordon, 2008, pp25-26에 재인용된 Murray Bookchin)
34 Franks, 2006, pp116-124.
35 Graeber, 2002, p62. 또한 Gordon, 2008, pp17; Woodcock, 1962, pp28; Franks, 2006, p115를 보시오.
36 Franks, 2006, pp196-259.

37 Cliff, 1986, p84. 또한 Le Blanc, 1990, p44를 보시오.
38 Callinicos and Holloway, 2005, p117.
39 Harman, 1991, p13, 또한 Harman, 2009, chapter 4를 보시오.
40 Trotsky, 1973, p316.
41 마르크스주의에서 소비에트의 중요성과, 소비에트와 혁명적 정당의 관계는 Gluckstein, 1985, pp212-246을 보시오.
42 Durgan, 2006, pp165-6; 1981, p104-110; 2007, p.88; Trotsky, 1977, pp646-668.
43 Franks, 2006, p100.
44 Harman, 1996.
45 아나키스트들을 좀 더 공정하게 평하자면, 레닌을 20세기의 블랑키주의자로 환원하는 그들의 경향은 이 문제에 대한 몇몇 최고 수준의 학술적 논의와 일치하고 있다. 예를 들어, Miliband, 1977, p155를 보시오. 그리고 그에 대한 나의 비판으로는 Blackledge, 2007, p78를 보시오.
46 Barker, 2001, p42.
47 Franks, 2006, p118.
48 Gordon, 2008, p69.
49 Gordon, 2008, p70.
50 Woodcock, 1962, p30.
51 Kinna, 2005, pp114-115; Freeman, 1970.
52 Löwy, 2005, p23.
53 Franks, 2006, p212.
54 Marshall, 2008, p23, p296.
55 Goodway, 1989, p1; Chomsky 1970, pxii; Marshall, 2008, p639.
56 Marx, 1973b, p84.
57 Morland, 1997, p3.

58 Morland, 1997, pp188-189.
59 Collier, 1990, p41. 마르크스가 막스 슈티르너Max Stirner의 아나키즘에 대한 비판을 통해 어떻게 인간 본성의 역사적 개념을 발전시켰는지를 보려면, Blackledge, 2008, p134를 참조하시오.
60 Engels, 1988, p425; 1990c, p227; Marx, 1974b.
61 Marcuse, 2008, p87.
62 Marshall, 2008, p305. 마르크스는 바쿠닌의 "어린아이 같은 어리석음"을 비판했던 논평에서, "급진적인 사회혁명은 그 전제조건으로 경제 발전의 특정한 역사적 조건에 달려 있다"고 썼다. (Marx, 1974b, 334.)
63 Kinna, 2005, p31.
64 Kinna, 2005, p8.
65 Fernbach, 1974, p17에서 재인용된 Marx.
66 Fernbach, 1974, p17.
67 Collins and Abramsky, 1964, p101; Gilbert, 1981, p90와 비교하시오.
68 Marx, 1974c, p206.
69 Bakunin, 1973, p263.
70 Marshall, 2008, p301.
71 Marx, 1974c, pp206, 208, 212.
72 Draper, 1987, p29.
73 Engels, 1989b, p71.
74 Bakunin, 1990, p136.
75 Kropotkin, 2002, pp237-242.
76 Bakunin, 1990, p182.
77 Rudé, 1988, pp94-5.
78 Israel, 2001, p717.

79 Soboul, 1977, p107.
80 Guérin, 1989, p.121.
81 Lenin, 1961c, p383.
82 Le Blanc, 1990, p83. 마르크스의 이른바 자코뱅주의에 대한 현대 개혁주의의 비평을 보려면, Bernstein, 1993, p36를 참조하시오.
83 Löwy, 1989, p119.
84 Hegel, 1956, pp446, 450, 449. Marx, 1975, p413와 비교하시오.
85 Taylor, 1975, p437.
86 Marx, 1973a.
87 Marx, 1974a, p82.
88 이 개념에 대한 아나키즘의 끔찍한 비평을 보려면, Day, 2005, pp6-7를 참조하고, 이에 대한 마르크스주의의 강력한 응답을 보려면, McKay, 2009를 참조하시오.
89 Draper, 1986, pp37-8.
90 Engels, 1989a, p13. 또한 마르크스주의와 블랑키주의의 차이점에 관해서는, Lenin, 1964, p47을 보시오.
91 Trotsky, 1977, p1017.
92 Marx and Engels, 1970, p95.
93 Kinna and Prichard, 2009, p272; Guérin, 1989, p119.
94 Arblaster, 1971, p181.
95 Bakunin, 1990, pp178-179.
96 Chomsky 1970, pp ix-x; Ward, 2004, p5; Marshall, 2008, p305
97 McNally, 2006, p348.
98 Thomas, 1980, p252.
99 Hallas, 1996, p40.
100 Cliff, 1996, pp73-74.

101 Darlington, 2008, pp74-75.
102 Portis, 1980, pp44-45.
103 Gramsci, 1971, pp197-198; Williams, 1975, pp145-168.
104 Gramsci, 1978, p369.

참고 문헌

Amster, Randall and others, 2009, "Introduction", in Amster, Randall and others (eds), *Contemporary Anarchist Studies* (Routledge).

Arblaster, Anthony, 1971, "The Relevance of Anarchism", *Socialist Register 1971* (Merlin), http://socialistregister.com/index.php/srv/article/view/5336

Bakunin, Mikhail, 1973 [1871], "The Paris Commune and the Idea of the State", in Sam Dolgoff (ed), *Bakunin on Anarchy* (Allen and Unwin), www.marxists.org/reference/archive/bakunin/works/1871/paris-commune.htm

Bakunin, Mikhail, 1990 [1873], *Statism and Anarchy* (Cambridge University Press), www.marxists.org/reference/archive/bakunin/works/1873/statism-anarchy.htm

Barker, Colin, 2001, "Robert Michels and the 'Cruel Game'" in Colin Barker and others (eds), *Leadership and Social Movements* (Manchester University Press).

Berkman, Alexander, 1989, *What is Communist Anarchism?* (Phoenix Press), http://tinyurl.com/comanarcho

Bernstein, Eduard, 1993 [1899], *The Preconditions of Socialism* (Cambridge University Press).

Blackledge, Paul, 2006, "What was Done", *International Socialism 111* (summer 2006), www.isj.org.uk/?id=218

Blackledge, Paul, 2007 "On Moving On from 'Moving On'': Miliband, Marxism and Politics", in Clyde Barrow and others (eds), *Class, Power and State in Capitalist Society: Essays on Ralph Miliband* (Palgrave).

Blackledge, Paul, 2008, "Marxism and Ethics", *International Socialism 120* (autumn 2008), www.isj.org.uk/?id=486

Callinicos, Alex, 2003, "Marxism and Anarchism", in Baldwin, Thomas (eds), *The Cambridge History of Western Philosophy* (Cambridge University Press).

Callinicos, Alex, and John Holloway, 2005, "Can We Change the World Without Taking Power?", *International Socialism 106* (winter 2005), www.isj.org.uk/?id=98

Callinicos, Alex, and Chris Nineham, 2007, "At an Impasse: Anti-capitalism and Social Forums Today", *International Socialism 115* (summer 2007), www.isj.org.uk/?id=337

Chomsky, Noam, 1970, "Introduction", in Daniel Guérin, *Anarchism* (Monthly Review).

Chomsky, Noam ,2005, "Anarchism, Marxism and Hope for the Future", in Noam Chomsky, *Chomsky on Anarchism* (AK Press), http://www.ditext.com/chomsky/may1995.html

Cliff, Tony, 1986, *Lenin: Building the Party* (Bookmarks).

Cliff, Tony, 1996, "Trotsky on Substitutionism", in Tony Cliff, and others, *Party and Class* (Bookmarks), http://www.marxists.org/archive/cliff/works/1960/xx/trotsub.htm

Collins, Henry, and Chimon Abramsky, 1964, *Karl Marx and the British Labour Movement* (Macmillan).

Collier, Andrew, 1990, *Socialist Reasoning* (Pluto).

Darlington, Ralph, 2008, *Syndicalism and the Transition to Communism* (Ashgate).

Day, Richard, 2005, *Gramsci is Dead* (Pluto).

Draper, Hal, 1986, *Karl Marx's Theory of Revolution Vol. III* (Monthly Review).

Draper, Hal, 1987, *The Dictatorship of the Proletariat: From Marx to Lenin* (Monthly Review).

Draper, Hal, 1992, *Socialism from Below* (Humanities Review Press).

Draper, Hal, 1999, "The Myth of Lenin's 'Concept of the Party'", *Historical Materialism 4*, www.marxists.org/archive/draper/1990/myth/myth.htm

Durgan, Andy, 1981, "Revolutionary Anarchism in Spain", *International Socialism 11* (winter 1981).

Durgan, Andy, 2006, "Seventy Years after the Spanish Civil War", *International Socialism 111* (summer 2006), www.isj.org.uk/?id=220

Durgan, Andy, 2007, *The Spanish Civil War*, (Palgrave).

Engels, Frederick, 1988 [1872], "On Authority", in Marx and Engels, *Collected Works, vol. 23* (Progress), www.marxists.org/archive/marx/works/1872/10/authority.htm

Engels, Frederick, 1989a1874, "Programme of the Blanquist Commune Refugees", in Marx and Engels, *Collected Works, vol 24* (Progress), www.marxists.org/archive/marx/works/1874/06/26.htm

Engels, Frederick, 1989b [1875], "Letter to August Bebel 18th-28th March 1875", in Marx and Engels, *Collected Works, vol. 24* (Progress), www.marxists.org/archive/marx/works/1875/letters/75_03_18.htm

Fernbach, David, 1974, "Introduction" to Karl Marx, *The First International and After*, (Penguin).

Franks, Benjamin, 2006, *Rebel Alliances* (AK Press).

Freeman, Jo, 1970, *The Tyranny of Structurelessness*, http://struggle.ws/pdfs/tyranny.pdf

Gilbert, Alan, 1981, *Marx's Politics* (Martin Robertson).

Gluckstein, Donny, 1985, *The Western Soviets* (Bookmarks).

Gluckstein, Donny, 2006, *The Paris Commune: A Revolution in Democracy* (Bookmarks).

Goodway, David, 1989, "Introduction", in David Goodway (ed), *For Anarchism* (Routledge).

Gordon, Uri, 2008, *Anarchy Alive* (Pluto).

Graeber, David, 2002, "The New Anarchists", *New Left Review*, II/13, www.newleftreview.org/A2368

Gramsci, Antonio, 1971, *Selections from the Prison Notebooks* (Lawrence and Wishart).

Gramsci, Antonio, 1978, *Selections from Political Writings 1921-1926* (Lawrence and Wishart).

Guérin, Daniel, 1970, *Anarchism* (Monthly Review), http://www.infoshop.org/library/index.php/Daniel_Guerin:Anarchism

Guérin, Daniel, 1989, "Marxism and Anarchism", in David Goodway (ed), *For Anarchism* (Routledge).

Hallas, Duncan, 1979, *Trotsky's Marxism* (Pluto), www.marx.org/archive/hallas/works/1979/trotsky/index.htm

Hallas, Duncan, 1996, "Towards a Revolutionary Socialist Party", in Tony Cliff and others, *Party and Class* (Bookmarks), http://www.marxists.org/archive/hallas/works/1971/xx/party.htm

Harman, Chris, 1990, "The Storm Breaks", *International Socialism* 46 (spring 1990),

http://chrisharman.blogspot.com/2009/10/storm-breaks-crisis-in-eastern-bloc.html

Harman, Chris, 1991, "The State and Capitalism Today", *International Socialism* 51(summer 1991), www.isj.org.uk/?id=234

Harman, Chris, 1996, "Party and Class", in Tony Cliff and others, *Party and Class* (Bookmarks), http://www.marxists.de/party/harman/partyclass.htm

Harman, Chris, 2009, *Zombie Capitalism* (Bookmarks).

Hegel, Georg, 1956, *The Philosophy of History* (Dover).

Holloway, John, 2002, *Change the World without Taking Power* (Pluto).

Israel, Jonathan, 2001, *Radical Enlightenment* (Oxford University Press).

Kinna, Ruth, 2005, *Anarchism* (Oneworld).

Kinna, Ruth, and Alex Prichard, 2009, "Anarchism, Past, Present, and Utopia", in Randall Amster and others (eds), *Contemporary Anarchist Studies* (Routledge).

Kropotkin, Peter, 2002 [1880], "Revolutionary Government", in Roger Baldwin (ed),

Peter Kroptkin: Anarchism (Dover), http://dwardmac.pitzer.edu/anarchist_archives/kropotkin/revgov.html

Le Blanc, Paul, 1990, *Lenin and the Revolutionary Party* (Humanities Press).

Lenin, Vladimir, 1961a [1901], "Anarchism and Socialism", Lenin, *Collected Works, vol 5* (Progress), www.marxists.org/archive/lenin/works/1901/dec/31.htm

Lenin, Vladimir 1961b [1901], "What is to be Done?", in Lenin, *Collected Works, vol 5* (Progress), www.marxists.org/archive/lenin/works/1901/witbd/index.htm

Lenin, Vladimir 1961c [1904], "One Step Forward, Two Steps Back", in Lenin, *Collected Works, vol 7* (Progress), www.marxists.org/archive/lenin/works/1904/onestep/index.htm

Lenin, Vladimir, 1964 [1917], "Letter on Tactics", in Lenin, *Collected Works, vol 24* (Progress), www.marxists.org/archive/lenin/works/1917/apr/x01.htm

Lenin, Vladimir, 1968 [1917], "The State and Revolution", in Lenin, *Selected Works* (Progress), www.marxists.org/archive/lenin/works/1917/staterev/

Lenin, Vladimir, 1993 [1920], *Left Wing Communism an Infantile Disorder* (Bookmarks), www.marxists.org/archive/lenin/works/1920/lwc/

index.htm

Löwy, Michael, 1989, "The Poetry of the Past: Marx and the French Revolution", *New Left Review*, I/177.

Löwy, Michael, 2005, "To Change the World We Need Revolutionary Democracy", *Capital and Class*, 85.

Lukács, Georg, 1970 [1924], *Lenin: A Study in the Unity of his Thought* (New Left Books), www.marxists.org/archive/lukacs/works/1924/lenin/index.htm

Lukács, Georg, 1971 [1923], *History and Class Consciousness* (Merlin), www.marxists.org/archive/lukacs/works/history/index.htm

Marcuse, Herbert, 2008, *A Study on Authority* (Verso).

Marshall, Peter, 2008, *Demanding the Impossible: A History of Anarchism* (Harper).

Marx, Karl, 1973a [1852], "The Eighteenth Brumaire of Louis Bonaparte", in Marx, *Surveys from Exile* (Penguin), www.marxists.org/archive/marx/works/1852/18th-brumaire/index.htm

Marx, Karl, 1973b [1857], *Grundrisse* (Penguin), www.marxists.org/archive/marx/works/1857/grundrisse/

Marx, Karl, 1974a [1867], "Provisional Rules of the International" in Marx, *The First International and After* (Penguin), www.marxists.org/archive/marx/iwma/documents/1867/rules.htm

Marx, Karl, 1974b [1874], "Conspectus of Bakunin's 'Statism and Anarchy'", in Marx, *The First International and After* (Penguin), www.marxists.org/archive/marx/works/1874/04/bakunin-notes.htm

Marx, Karl, 1974c [1871], "The Civil War in France" in Marx, *The First International and After* (Penguin), www.marxists.org/archive/marx/works/1871/civil-war-france/index.htm

Marx, Karl, 1975 [1844], "Critical Notes on the Article 'The King of Prussia and Social Reform by a Prussian'", in Marx, *Early Writings* (Penguin), www.marxists.org/archive/marx/works/1844/08/07.htm

Marx, Karl, and Frederick Engels, 1970 [1845], *The German Ideology* (Lawrence and Wishart), www.marxists.org/archive/marx/works/1845/german-ideology/

McKay, Ian, 2009, "The Many Deaths of Antonio Gramsci", *Capital and Class 98*.

McNally, David, 2006, *Another World is Possible* (Merlin).

Miliband, Ralph, 1977, *Marxism and Politics* (Oxford University Press).

Molyneux, John, 1986, *Marxism and the Party* (Bookmarks).

Morland, David, 1997, *Demanding the Impossible? Human Nature and Politics in Nineteenth-Century Social Anarchism* (Cassell).

Portis, Larry, 1980, *Georges Sorel* (Pluto).

Rudé, George, 1988, *The French Revolution* (Phoenix).

Soboul, Albert, 1977, *A Short History of the French Revolution 1789-1799* (University of California Press).

Taylor, Charles, 1975, *Hegel* (Cambridge University Press).

Thomas, Paul, 1980, *Karl Marx and the Anarchists* (Routledge & Kegan Paul).

Trotsky, Leon, 1921, "Vergeat, Lepetit and Lefebvre", www.marxists.org/archive/trotsky/1924/ffyci-1/app07.htm

Trotsky, Leon, 1973, *The Spanish Revolution* (Pathfinder), www.marxists.org/archive/trotsky/spain/index.htm

Trotsky, Leon, 1977 [1930], *The History of the Russian Revolution* (Pluto), www.marxists.org/archive/trotsky/1930/hrr/

Ward, Colin, 2004, *Anarchism: A Very Short Introduction* (Oxford University Press).

Williams, Gwyn, 1975, *Proletarian Order* (Pluto).

Woodcock, George, 1962, *Anarchism* (Penguin).